赵瑞玲
郭　瑞　著
赵瑞青

XIN DU

新读

PIN MEI

评梅

山西出版传媒集团
山西人民出版社

图书在版编目（CIP）数据

新读评梅 / 赵瑞玲，郭瑞，赵瑞青著. —太原：山西
人民出版社，2023.12
ISBN 978-7-203-12935-6

Ⅰ.①新… Ⅱ.①赵… ②郭… ③赵… Ⅲ.①石评梅
（1902-1928）—人物研究 Ⅳ.①K825.6

中国国家版本馆CIP数据核字（2023）第129530号

新读评梅

著　　者：赵瑞玲　郭　瑞　赵瑞青
责任编辑：王晓斌
复　　审：李　鑫
终　　审：武　静
装帧设计：陈　婷

出 版 者：山西出版传媒集团·山西人民出版社
地　　址：太原市建设南路21号
邮　　编：030012
发行营销：0351－4922220　4955996　4956039　4922127（传真）
天猫官网：https://sxrmcbs.tmall.com　电话：0351－4922159
E—mail：sxskcb@163.com 发行部　sxskcb@126.com 总编室
网　　址：www.sxskcb.com

经 销 者：山西出版传媒集团·山西人民出版社
承 印 厂：山西承方印刷物资有限公司

开　　本：890mm×1240mm　1/32
印　　张：6.5
字　　数：140千字
版　　次：2024年1月　第1版
印　　次：2024年1月　第1次印刷
书　　号：ISBN 978-7-203-12935-6
定　　价：38.00元

如有印装质量问题请与本社联系调换

序

赵瑞玲

阳泉师专坐落于山西平定,其历史可追溯到清代乾隆年间官办的"榆关书院"(也称"嘉山书院"),后改名"冠山书院",是"文献名邦"平定教化子弟、传播文明之圣地。

石评梅(1902—1928),民国四大才女之一,平定人,有理想,求解放,喜文学,重情感。沐浴家乡崇文尚教之风,在北京女子师范高等学校求学,好学敏锐,追求进步,参加马克思学说研究会;短暂的一生,认真教书育人,致力于妇女解放,堪称近代民主革命战士。

挖掘地方优秀传统文化和红色文化,探索特色育人模式,是高校落实立德树人根本任务的有力抓手。2021年,在山西省职业院校"铸魂育人"工程的引领下,阳泉师专赓续书院育人传统,将石评梅女士"理想坚定、文雅守正、追求独立、真情育人"的"梅魂"精神内涵融入学校育人机制,使书院育人模式和"梅魂"有机融合,创建"石评梅女子书院",同时成立"石评梅文化研究学会",开设石评梅研究课程,编著石评梅校本教材、读本,创排石评梅话剧,建设"石评梅先生教室",打造石评梅思政微课,举办石评梅主题书画文艺活动,开发石评梅文创产品等,线上线下全方位宣传石评梅的革命精神、文学价值、教育价值,充分发挥石评梅对当代大学生的引领作用,形成阳泉师专独具特色的"石评梅文化育人品牌"。

因为要识评梅、懂评梅、爱评梅、讲评梅、学评梅、做评梅。于是就有了评梅教室、评梅班级,评梅教师、评梅学生,评梅话剧、评梅朗诵,评梅展览、评梅研讨,评梅作品、评梅歌曲,评梅微课、评梅研学……评梅处处有,梅魂常常在,形成"三全育人"总体格局,落实"立德树人"根本任务。

认识评梅,毫无疑问应该从她的传记和友人纪念文章开始,那些作品故事曲折,情意动人,是一个很好的起点。但如果再深度理解,轻松解读,就应该读《新读评梅》了。它立足新时代青年最现实的角度,提出关于评梅的疑问、话题,帮助青年学生走近评梅、认识评梅、接受评梅、理解评梅;让相隔100年的两代"00"后跨时空对话,用100年前的思想、追求、精神、情感点燃100年后大学生的理想追求、爱国情怀。《新读评梅》没有高高在上的道德绑架,一切从实际出发,最大限度地贴近青年的认知和表达习惯;题目如观影时的即兴弹幕,正文像微文中的机智回帖,尽显智慧,充满幽默,既可轻松愉快地阅读,又不失深度引导。相信青年读者新读后会回味再读,再读后会更加回味。

"新读"贵在"新",愿新读常更,永远年轻!

"新读"重在"读",愿读出梅魂,精神永存!

2023年9月

石评梅小传

赵瑞青

石评梅（1902—1928），中国现代女作家、革命活动家、教育家，"民国四大才女"之一。原名汝璧，因爱慕梅花之俏丽坚贞，自取笔名评梅。1902年出生于山西省平定县县城，当时的山城平定，是闻名三晋的"文献名邦"，素有"科名焜耀无双地，冠盖衡繁第一州"之称。石评梅的父亲石铭是清末举人，是一位思想开明的慈祥老儒，她的母亲出生于平定上城的大户人家，温良贤淑，知书达理。

作为家里的幼女，石评梅从小聪颖好学，很受父母喜爱，从三、四岁开始，父亲就教她认字，有时她没有认熟，虽是深夜，也不许去睡，直到念熟为止。后来进了小学，白天和孩子们一起上课，晚上放学以后，父亲仍然教她读古诗文。

辛亥革命后不久，石铭到省城太原山西省立图书馆任职，于是评梅随父来到太原，进入太原女子师范附属小学就读，毕业后直接升入太原女子师范学校读书。由于石评梅天资聪颖，再加上接受了良好的家庭教育，在学校里学业突出，被誉为"才女"。在太原女子师范学校读书期间，石评梅已经显露了其反抗思想和组织才能。一次女师闹风潮，她为组织者之一，风潮过后，校方要开除她，后因惜其才学，又恢复了她的学籍。

1920年，石评梅从太原女师毕业，考入北京女子高等师范学校。迈出这一步，是对石评梅思想和意志的考验。因为在当时，一般人的想法是："一个女孩子，中学毕业就可以了，何必费劲地深造呢！"然而她却在父亲的支持下，走出山西，到北京求学。到北京后，她本来要报考女高师的国文科，但是当年女高师国文科不招生，于是改考体育系。

五四运动以后，受蔡元培革新北大的影响，女高师逐渐形成"思想自由，兼容并包"的办学理念。蔡元培、陈独秀、胡适、李大钊、鲁迅、钱玄同、周作人等新文化运动的核心人物陆续到女高师讲学，宣传新思想、新文化，提倡新教育及女性自立，女高师逐渐成为20世纪初期中国思想文化最活跃的女子高等学校。石评梅进入女高师，除了可以聆听新旧文化大师们讲课，阅读最前沿的书籍报刊，参加各种社团及社会实践，还结识了鲁迅、李大钊等文化领袖以及卢隐、陆晶清等志同道合的新青年，为她将来的文学创作、社会革命和教育实践打下了良好的基础。

在新思潮的影响下，石评梅一方面在女高师勤奋学习，一方面开始写诗歌和散文并向各报刊投稿。1921年12月10日，石评梅的诗歌《夜行》就在山西大学"新共和学会"的刊物《新共和》第一卷第一号上正式刊出。在相对闭塞的山西，这是山西女作家中自由体白话诗的第一缕曙光。

在山西同乡会上，石评梅结识了北京大学学生、五四运动健将、山西籍最早的共产党员高君宇。在交谈中，得知他们的父辈即有交谊。他乡遇故友，格外亲切，于是二人便建立了友谊，经常通信，谈思想，谈抱负。在高君宇的影响与引荐下，石评梅加入了中国共产党早期组织——北京大学马克思学说研究会，成为第一位女会员。

毕业后，石评梅受聘于北京师范附属中学校，担任女子部学级主任兼体育教员。这一年的秋天，她收到高君宇的一封来信。信里夹了一片火红的枫叶，上面用毛笔写着："满山秋色关不住，一片红叶寄相思。"这封突如其来的求爱信让石评梅陷入忧虑和矛盾中。一方面她是真心仰慕高君宇的人品和才学，另一方面考虑到高君宇在老家已有婚约，加之刚刚经历的情伤也让她不敢轻易触碰新的感情。她想了很久，终于在红叶的背面写下一行字："枯萎的花篮不敢承受这鲜红的叶儿。"又把红叶寄给高君宇。被石评梅拒绝后，高君宇对弟弟说："我对她的感情非但没有减弱，反而更加增强了。"1924年5月，高君宇回山西筹建党组织，顺带结束了10年的封建包办婚姻。

1924年9月，高君宇南下广州，担任孙中山的秘书。石评梅的生日快要到了,高君宇上街买了一对象牙戒指,将其中的一枚寄给了远在北京的石评梅,另外一枚则戴在了自己手上。石评梅接受了这枚象征着"纯洁如冰雪友谊"的象牙戒指。

1925年3月,高君宇因积劳成疾,英年早逝。在追悼大会上,石评梅送了挽联,上写:"碧海青天无限路,更知何日重逢君。"根据高君宇的遗愿,遗体被安葬在北京陶然亭。石评梅亲手在墓畔种植松柏十余株,并在墓碑上刻上高君宇生前最喜欢的诗句:"我是宝剑,我是火花,我愿生如闪电之耀亮,我愿死如彗星之迅忽。"

高君宇的去世让石评梅受到了极大的打击,她经常到高君宇的坟上哭诉自己的思念和愧疚。在高君宇的墓碑上,石评梅写着:"君宇,我无力挽住你迅忽如彗星之生命,我只有把剩下的泪流到你的坟头,直到我不能来看你的时候。"

高君宇的去世固然给石评梅带来了无穷的悲痛,但在这种悲痛中,石评梅的思想变得更加坚定起来,她立志接过爱人高扬着的红旗,去创造她和君宇以及一切马克思主义者所向往的"另一个世界",积极投身到火热的社会革命和教育事业中。

1925年5月30日,上海发生"五卅惨案",石评梅和陆晶清等编辑的《京报》副刊《妇女周刊》于7月1日第二十九期发表本刊编辑部特别启事,对"沪汉惨屠"表示了极大的愤慨。1926年3月18日,北京各界群众和学生数千人在天安门前召开"国民大会",要求段祺瑞执政府拒绝日、英、美等八国提出的撤除大沽口防务的最后通牒,抗议日舰对大沽口的炮击,会后游行请愿,段祺瑞执政府出兵镇压,制造了"三一八"惨案。19日,石评梅奔赴医院看望受伤的朋友,22日在《京报》副刊发表散文《血尸》,25日,又参加了女师大为刘和珍和杨德群召开的追悼大会,同时在《京报》副刊发表《痛哭和珍》一文,悲愤地指出:"昨天的惨案,这也是放出野兽来噬人。""你的血虽然冷了,温暖了的是我们的热血,你的尸虽然僵了,铸坚了的是我们的铁志。""我也愿将这残余的生命,追随你的英魂!"1927年发表的赞颂革命者的小说《匹马嘶风录》,也是石评梅这一时期的小说代表作之一。

石评梅从女高师毕业的时候,是被师范附中的林砺儒校长"抢"到学校担任女子部主任兼体育教员的。因为在林校长眼里,石评梅有很多独到的教育思想,比如她在教学中主张把才学教育、品德教育结合起来,把知识教育与爱国教育融为一体。她执教严谨,才学不凡,敢于在教育上革旧立新,得到了全校师生的高度赞扬,得到了许多学生的追慕与爱戴。

1928年9月,石评梅在北京西栓马桩八号寓所开始发病,剧烈头痛,但她以为身体不舒服是常有的事,所以还是照常去附中教书,不想病情日益加重,后被诊断为脑炎。30日,石评梅逝世于北京协和医院,临终前,她的手上仍然戴着那枚白色的象牙戒指。人们把她葬在高君宇的墓旁,完成了二人"生前未能相依共处,愿死后得并葬荒丘"的遗愿。

石评梅终年26岁,创作生涯仅仅六年。在她去世后,其作品曾由庐隐、陆晶清等友人于1929年编辑成《涛语》(散文集)、《偶然草》(小说、散文集)两个集子,分别由盛京书店(后又改由北新书局)和文化书局出版。

26年在历史的长河里,几乎可以忽略不计,但石评梅却用这样的短暂时光,书写了儿女情长,阐述了家国大义。她的文字多愁善感,她的眼里常含泪水,但这些都不能遮盖她"理想坚定、文雅守正、追求独立、真情育人"的高贵"梅魂"。而这正是石评梅跨越百年时空带给我们最弥足珍贵的精神财富。

目 录

《新读评梅》,"新"在哪里?

　　石评梅是阳泉平定走出的民国才女,是我国早期的民主革命家、思想家,我国女权运动的先驱、拓荒者,革新旧教育制度的勇士,五四时期的青年文学家,高君宇的革命伴侣。虽然她英年早逝,但却给后人留下了丰富的精神和文化遗产。讲好评梅故事、继承评梅精神是我们教育者义不容辞的责任和使命。在新时代,面对新的历史使命、新的教育对象,对于"评梅精神"我们也需要有"新"的解读。这种"新"表现为:新视角、新内涵、新形式。

　　新视角　之前对石评梅的解读,或是钟情于石评梅与高君宇之间的冰清玉洁的革命爱情,或是侧重石评梅在妇女解放、女权运动中的努力,抑或是关注她文学作品中的悲剧意识、悲悯情怀。这些解读的出发点都是把石评梅放在历史人物的地位去研究,试图在历史中为评梅找地位。而《新读评梅》是从当下的需要出发,探索"评梅精神"对当下及未来的意义。所以,我们的视角是立足"立德树人"的背景,探索"评梅精神"对当下青年的意义。

新内涵　石评梅求学、工作的年龄和当下青年吻合,石评梅所遇到的有关理想、爱情、友谊等方面的困惑、难题,也可能是当下青年所遇到的。《新读评梅》希望石评梅不仅是楷模、榜样,更是伴随在青年身边的鲜活的例子。我们希望把石评梅讲"活",让石评梅"活"在当下青年交流的话题中,在交流探讨中解决青年困惑,探索青年健康成长的方向。

新形式　讲好评梅故事,我们既需要"深入"——深度挖掘"评梅精神"中对当下青年有教育意义的内涵;也需要"浅出"——用当下青年熟悉、感觉亲切的话语形式输出。《新读评梅》寻找贴近当下的话题,采用简洁平实的语言形式,亲切自然地讲述评梅故事,潜移默化地感悟评梅精神。希望《新读评梅》能够成为青年的枕边书、案头书,信手打开其中一页,几分钟就能读完,合上书,或多或少都能有所思。

评梅的故事这样讲,您会喜欢吗?

　　评梅的故事,无疑是老故事了,因为和她同期的著名女作家谢婉莹,早已成为多少代人心目中的"冰心奶奶"。但评梅的故事又是永远年轻的故事,因为评梅的故事里只有少年和青年。年轻的故事里可能有燃烧的激情、高远的理想,也可能有冲动偏执、迷茫失落,这些都是青年的特质,过去现在未来都一样。尊重事实,顺乎人性,不刻意拔高,这样的故事才会永远年轻。

　　学习历史、尊重历史绝不只是为了膜拜历史,更多的意义在于从历史中找到解决、处理当下问题的方法和态度,这样的故事才会常新。讲好评梅的故事,既有缅怀先烈的情感和责任,更希望找到这位百年前青年的思想和选择对当下及未来青年的学习和借鉴意义。我们不苛求一个完美的评梅,但希望读到评梅故事的青年,能从评梅的困境、选择和思想斗争中,找到一个自己处理类似问题的完美方案。

　　不作长篇大论,不堆砌专业术语,不搞长篇连载,您无论从哪里打开,都是一个完整的场景再现。用评梅作品或事迹中一个场景,引出一个对于当下青年有意义的话题,或者是当下青年感兴趣的话题,看评梅如何处理类似的事情。打通故事和生活的通道,通过评梅故事,在历史和当下之间找到契合点。

我们有观点但不强灌,我们有态度但不胁迫,我们出主意但不拿主意,我们讲故事但不只是为了讲故事。读完一篇,还愿意读下一篇,那是您对故事的肯定;读完一篇,掩卷而思,那是您对话题的肯定。评梅的故事这样讲,您会喜欢吗?

你心目中的评梅是个什么样的人？

痴情的人说她是爱情悲剧中的女主角。生前因为"渣男"吴天放而错过了真英雄高君宇，死后两位真心爱人并葬陶然亭，给世人演绎了一出冰清玉洁的精神之恋。

爱好文学的人说她是与张爱玲、萧红、吕碧城齐名的民国四大才女，20世纪20年代北京著名女诗人，山西白话新诗的拓荒者。她用26年的短暂人生历程留下了50多万字的文学作品，而且新文学的各种文体——诗歌、散文、小说、戏剧均有涉猎。

教育界的人说她是"正大优美教师之典范"；革命界的人说她是北京大学马克思学说研究会的第一位女会员；妇女界的人说她创办的《妇女周刊》《蔷薇周刊》积极为底层妇女发声；家乡人说她是山西阳泉平定的骄傲；家里人说她走得太早，只有26岁。奋斗者看到她受五四运动的感召，心系国家命运，投身妇女运动积极拼搏的身影；悲观者说她的文学作品中有很多"坟墓、孤影"等悲切的意象……

站在不同的角度，会看到一个不同的石评梅。这正好说明石评梅不是一个"被塑造"出来的片面化的形象,她是有血有肉、有灵魂的我们"身边"的真实人物。虽然时间隔了一个世纪,但青年人所面对的问题、困惑、机遇、挑战从精神本质上来说是相通的。

我们想说:评梅是个值得你去了解的人。

为什么要在青年节讲评梅？

石评梅出生于1902年，她是受五四运动的影响成长起来的新一代知识女性。1919年五四运动爆发时，石评梅正值青年时期，了解她当时的思想动态、行为事迹，可以形象、贴切地了解一百多年前那场激情澎湃的运动中青年的真实心路历程。

评梅出生于山西平定，1919年正在太原女子师范上学。透过评梅的故事，可以了解"五四"运动对当时山西青年甚至阳泉、平定青年的思想影响。

评梅学的是师范专业，从事的是教师工作。她的问题、困惑、选择对于我们当下师范院校的学生有极大的参考价值。

打通历史的隧道，寻找精神的传承，用青年的故事教育青年，用身边的榜样激励自己。从百年前青年的身上找自己奋斗的动力，在新时代的使命和责任中思考自己的奋斗和担当。

评梅有条件"躺平"吗?

先来看看评梅的条件。

"学霸"的爱女。评梅的父亲石铭在光绪八年(1882年)的会试中位列第一名。评梅出生时,父亲46岁,晚年得女,自然被视为"掌上明珠"。

良好私教的"专宠"。石铭老先生一生从事文化、教育工作。曾在山西文水、赵城担任教谕(相当于教育局长),后入山西大学堂(今山西大学的前身)担任管理员,之后又在山西省立图书馆、太原第一中学任职。评梅只有一个比自己大十多岁的哥哥,评梅八岁时,哥哥就完婚后去汉口做事了,评梅自然成为这良好私教的"专宠"了。

最高学府的才女。评梅就读的太原女子师范学校,在当时就是山西女子最高学府。评梅不仅考试成绩名列前茅,"每逢学校开会,她总是主持一切的一分子。她的性情很喜欢音乐,她能弹得很娴熟的风琴","她既然是各方面都能出人头地,自然她的声誉很高,省里的人,都认她是省里的一个才女"。(见庐隐《石评梅略传》)

如果单看客观条件或者单从个人生计考虑，评梅是有资格"躺平"的，没有必要只身一人去北京考学。

看来，决定是否"躺平"的是心态而不是条件。

评梅的妈妈认识"评梅"吗？

这好像是一个伪问题，其实不然。

家里人最初给她起的乳名叫元珠，学名是汝璧。同窗好友陈家珍回忆："我入学的翌年初春，有一回在操场活动，看见一个很面熟的姑娘，细看很像元珠妮（当地有在孩子的乳名后加性别的习俗，以示亲切）……我才知道她的官名叫'汝璧'，现在她上补习班。""'才女'之名，归属汝璧。"据此推测："评梅"这个名字在去北京前是没有几个人知道的。

评梅是她给自己取的字，是以喜爱梅花高洁的品质而立意，也是最常用的笔名。例如我们读到的她公开发表的第一首新诗《夜行》，1921年12月发表在山西大学的《新共和》时，署名就是评梅。

之后很多作品发表时，都署名评梅，"石评梅"在社会上的知名度也就盖过了"石汝璧"。但在正式场合中，还是以学名来称呼，在北京女子高等师范学校第二期民国十二年（1923年）体育系毕业生15人名单中，我们看到的是："石汝璧（评梅） 山西平定。"

评梅的妈妈虽然随夫君辗转于太原、平定等地，但在20世纪20年代，作为一个家庭妇女，一个母亲，她心里惦念的应该是漂泊在外的爱女——元珠，抑或汝璧。北京著名诗人石评梅，也许她压根不知道那是谁。

争气不争气，其实不是父母最在意的，他们最关心的是你在外的冷暖。

评梅和心珠、波微是什么关系?

评梅是她发表作品时用的最多的笔名,但却不是唯一的。

1925年初,一个下雪天,评梅与君宇同游陶然亭时,君宇在雪地上把评梅的乳名"元珠"改成了"心珠"。君宇在之后写给评梅的信中,就称呼评梅为"珠"。可这之后不到两个月,君宇就因病去世。《痛哭英雄》是君宇去世后石评梅发表的第一首诗歌,署名就是"心珠"。这是怎样的一种深情怀念!

评梅的另一个笔名"波微"也和君宇有关。那是君宇在化装躲开军阀派来的军警追捕后,在风雨交加之夜,为评梅送治病药方的同时留下的联系用名。评梅在《狂风暴雨之夜》记下了当时的情景:"他由日记本中写了一个'Bovia'递给我,他说我们以后通信因检查关系,我们彼此都另呼个名字。这个名字我最爱,所以赠给你,愿你永远保存它。"这个词原意为"强有力者",音译为"波微"。高君宇于1925年3月5日去世,评梅在3月25日发表的散文《天辛》中,署名就是"波微"。

"评梅"表明的是个人的品质追求,"心珠"和"波微"见证的是这对生死恋人的至真至纯的精神之恋。

"语文是体育老师教的"是笑话吗？

1920年评梅去北京求学，当年北京女子师范高等学校不招国文科学生，数理科评梅又不愿意学，"因种种原因遂入体育部，毕业后在北京师范附中任女子部学级主任兼授体育"。也就是说，评梅是科班出身的体育老师，后来教国文属于兼职。

"石女士的教国文，并不是因为没有人教而叫她教的，实在是教育界中人百分之九十九个半是主张如此的，主张一人只能教一种专门的功课，尤其是体育（操）教员，觉得体育（操）教员不必会写字，现在我要使他们知道一下。"这是当初聘任评梅的北京师范附中校长林砺儒先生在评梅的追悼会上所说。

评梅的文学功底教语（国）文自然是不用怀疑的。她的诗歌、散文经常在报刊发表，而且还亲自创办编辑《京报》副刊《妇女周刊》和《世界日报》副刊《蔷薇周刊》。重要的是评梅愿意下真功夫："叫我们每星期作一篇，你却在夜深人静时，还毫不畏劳地伏案改我们的作文"，"你又毫不顾惜的，把你的几十本心爱的书，捐给本班自治会创办的图书馆"。这是评梅的学生颜毓芳在文章《石先生！别了》中记述的。

　　语文老师是不是学体育的不重要,重要的是愿意真学的你遇上了肯真教的她(他),谱写一段教书"遇"人的佳话,就永远不会是笑话。

"贵人"只是人生路上的偶遇吗？

评梅去北京后，遇到了自己人生路上的两个贵人。

首先是李大钊先生。李大钊先生当时的社会身份是北京大学教授兼图书馆主任，除了在北京大学上课外，还在北京女子高等师范学校讲授《社会学》《女权运动史》等。评梅是受"五四"精神的激励来到北京的，能遇到"五四"运动的灵魂人物亲自授课，自然不会错过。李大钊先生也成为评梅最尊敬的老师，从此结下了亲密的师生之谊。

第二位贵人是高君宇。评梅和君宇是在"山西同乡会"上认识的，君宇当时的社会身份是北京大学助教，同时也是积极投身救国救亡实践的进步青年。他介绍评梅加入北京大学马克思学说研究会，邀请评梅参加"亢慕义斋"的活动，还把评梅的诗文作品推荐发表，并一直用自己坚定乐观的革命斗志影响、鼓励这个"常作缠绵悱恻诗"的同乡。

君宇对评梅的影响是深远的，君宇生前所说的"两个世界"更是成为了评梅思想走向成熟的指路明灯。能遇到"贵人"当然是人生的大幸运，但"贵人"只给持续向前的人指路。评梅能偶遇两位贵人,是因为她在自己的人生道路上一直保持着奋斗者的姿态。

注:亢慕义斋:罗章龙《椿园载记》中记录:"亢慕义斋"是马克思学说研究会的活动场所,其中"亢慕义"是德文音译,意思是"共产主义"。

两个世界:1924年9月22日,高君宇在去广州的船上写给评梅的信中写道:"我是有两个世界的:一个世界一切都是属于你的,我是连灵魂都永禁的俘虏;在另一个世界里,我是不属于你的,更不属于我自己,我只是历史使命的走卒。"

君宇只是高、石爱情的男主角吗？

　　也许有人是通过民国四大才女之一的石评梅才知道高君宇的，因为他是"生不能同室，死亦同穴"的高、石爱情悲剧的男主角，而这只是他短暂人生的花絮，其耀眼的光辉远不止这些。

　　高君宇，原名高尚德，号君宇，笔名天辛。1896年10月22日出生于山西静乐县峰岭底村（现属于山西娄烦县管辖），1916年考入北京大学，"五四"运动期间，是北京大学学生会的负责人。高君宇是"北京大学马克思学说研究会"的重要发起人，中国共产党的早期党员。在中国共产党第二次全国代表大会上当选为中央委员，后来担任党中央机关报《向导》的记者、编辑。

　　君宇受组织委托，回山西筹建成立了太原社会主义青年团。1923年京汉铁路工人大罢工爆发，高君宇等受党的委派，领导长辛店工人同反动军阀进行了不屈不挠的斗争。在国共合作期间，曾担任孙中山的政治秘书，帮助孙中山先生平定广州商团叛乱。1925年3月因病去世。

　　君宇"不仅是一个革命的实行家，也是一位革命的议论家"，"对于中国革命问题和中国政治经济状况，均有深切明确的见解","其弘毅果敢,足为青年之典范"。(见王庆华著《高君宇传》)评梅在写给君宇的信件中也说:"我对你的人品是有二十四分的佩服的。"

可见,君宇不仅是评梅的追求者,也是评梅思想上的导师,灵魂上的支撑。

谁又能天生坚强？

我们赞叹评梅在1925年"女师大风潮"中表现出的友爱和成熟，钦佩评梅在"三一八惨案"发生后犀利的战斗精神，更欣赏评梅能从君宇去世的悲痛中走出来，"扬着你爱的红旗"，去完成君宇的遗志。在白色恐怖时期，她希望自己不仅是一个文艺家，而且可以更多地参加社会革命。从这个意义上说，评梅是一个坚定、无畏的革命斗士。

而初到北京女子高等师范学校时，评梅在同学眼里只是"常在报纸上作缠绵悱恻的诗"，"愿意自己是一出悲剧的主角，愿意过一种超然冷艳的生活"，除夕夜不能回家，也会"睡在冰冷的寝室床上流泪"的一个真实的女孩子。恋爱失败，便觉"所尝受的只是虚伪的讪笑"，并抱定了独身主义。君宇去世后，更是称自己是"牺牲了感情让意志去杀人的女魔"。

在评梅的作品中，我们既可以看到坟墓、荒丘、枯骨这样的意象，也可以读到光辉、红光、明灯这样的隐喻；我们既能读到"沸我热血燃我火把重兴我中华"这样的豪情，也能品味"我践踏着荒草枯叶，回转着墓碑彷徨，将这郁郁哀情，漂浮在新坟上"里的哀婉凄伤。

　　没有谁天生坚强,评梅也不例外。承认柔弱、脆弱并不影响走向坚强。也许,敢于直面自己的"弱",正是走向"强"的开始。

评梅最铁的粉丝是谁?

陆晶清,原名陆秀珍,云南昆明人,1922年考入北京女子高等师范学校国文科。喜好诗文,欣赏评梅的诗文才华,为表达对石评梅的崇拜,取笔名为"梅影",意为"评梅之影子"。并与评梅以"梅花小鹿"并称,可谓是评梅最铁的粉丝。

评梅将她们的闺蜜情比作"你是金弦,我是玉琴,心波协和着波动,把人类陶醉在这凄伤的音韵里"。后来两人并肩战斗,共同创办编辑《妇女周刊》《蔷薇周刊》,为妇女姐妹们发声。"女师大风潮"时,陆晶清正好回乡吊唁父亲,评梅就以"寄翠湖畔的晶清"为副题在《妇女周刊》发表通讯,揭露杨荫榆勾结军阀镇压学生的恶行。

1927年,评梅又鼓励帮助陆晶清南下到何香凝处工作。在即将南行时,两人多次写诗互诉不舍离别的衷肠。"多少如梦的往事,愿彼此生生死死在心头记。"(评梅《别宴》)"来,趁酒未干烛未残我们图个痛醉。"(陆晶清《临行》)"几次我从泪帘偷看你憔悴的病颜,多少话要说千绪万端。"(评梅《这悠悠相思我与谁弹》)评梅得病去世后,陆晶清在纪念文章《我哭你唤你都不应》

中写道:"梅姐! 请为我想想是怎样的创伤?!""只惨呼一声我便什么都不知道。"

　　所有的感情都该是双向奔赴。难道这就是"做我的粉丝,我宠你"最生动的诠释?

革命者的爱情就不浪漫吗？

其实那只是你的一种主观猜测。浪漫不受年龄限制，当然也不被身份所局限。高君宇和石评梅这对一百多年前积极投身救国救亡的革命青年，他们的浪漫超出你的想象。

满含中国式浪漫的表白——红叶传情。君宇在山西同乡会上结识评梅之后，虽然被这位才女所折服，但因为工作繁忙，两人的书信往来更多地是谈文学和理想，直到1923年评梅从北京女子高等师范学校毕业受聘于北京师范附属中学后，10月，君宇在北京西山养病，采一片红叶，题诗"满山秋色关不住，一片红叶寄相思"寄给评梅，才算是正式表白。

评梅看见红叶上的题字，"平静的心湖，悄悄被风吹皱了，一波一浪汹涌着像狂风统治了的大海"。可见谁在浪漫面前都不会心如止水。可是因为种种原因，评梅在红叶的反面写了"枯萎的花篮不敢承受这鲜红的叶儿"，仍用原信的白纸包好，寄还君宇。

表白受挫，君宇表示理解，继续保持两人的交往。1924年10月，君宇在广州写信给评梅，并寄象牙戒指一枚。"昨天我忽然很早起来,跑到店里购了两个象牙戒指,一个大点的我自己戴在手上,一个小的我寄给你,愿你承受了它。"对于这次的西方式浪漫,评梅接受下来,并回信:"我也用象牙的洁白和坚实,来纪念我们自己静寂像枯骨似的生命。"

只要心中有爱,满眼都是浪漫。无关年代,无关身份。

退回就不是真爱？

浪漫的开始，不一定都有完美的结局。寄托爱意的红叶被退回，这是高、石爱情的一个波澜，评梅在散文《一片红叶》中这样写道："我对不住他，我不能受他的红叶。为了我的素志我不能承受它，承受了我怎样安慰他。"这里的"我的素志"是什么呢？

原来评梅有过一段感情，男主角叫吴天放。可评梅遇人不淑，吴天放有妻室并有孩子，但在与评梅的交往中却隐瞒了这一切。当追求"质本洁来还洁去"完美人格的评梅得知实情后，懊悔异常，决定关闭感情的大门，抱定了独身主义，大概就是这里的"素志"。

也许，评梅顾虑的还不止这些，因为在这篇散文中，她还写道："我即使不为自己设想，但我怎能不为他设想。"原来早在君宇十五岁时，其父就为他包办娶农女李寒心（长君宇两岁）为妻。婚后君宇大病，病愈一去不复归，不认她为妻。"可毕竟还有一个苦命的人啊！"评梅以女性的同理心强压自己的爱意，多次劝阻君宇离婚，这可能也就是"为他设想"。评梅在后来的小

说《弃妇》中借虚构的人物表达了同样的感情:"表哥弃了她让
她怎样做人呢? 她今后的心将依靠谁?"

　真爱也许并不是拥有,而是成全。女权也不是只为自己争
取权利。

　注:小说《弃妇》发表在1925年11月20日《京报》副刊《妇女周刊》周
年纪念特号上。故事描写了一对夫妻因封建婚姻而酿成的悲剧:表哥为
了与封建"恶势力宣战"而提出"正式离婚",遭到家庭反对,愤而离乡,表
嫂也因此"服毒死了"。
　作者在小说中对遭受封建婚姻压迫的"表嫂"尤其同情:"表哥他是男
人,不顺意可以丢下家庭跑出去;表嫂呢,她是女人,她是嫁给表哥的人,
如今他不要她了,她怎样生活下去呢? 想到这里我真为这可怜的女子伤
心。"

这个事可以和百度较个真吗?

现代社会,谁都是熟悉的陌生人,又是陌生的熟人。比如你想了解民国四大才女之一的石评梅,你只要找百度,就可以了解一个大概。作为一个普通人,有这些梗概也就足够了。但关于评梅,有件事有必要和百度较个真:那就是评梅究竟是1919年还是1920年到北京上的学?

在百度搜索"石评梅",在词条中可看到"1919年在北京女子高等师范学校就读时即热心于文学创作"。可事实是1919年4月,北京政府改女子师范学校为北京女子师范高等学校,9月,庐隐以旁听生的资格考入该校国文科部,插入第一届。而评梅入的是体育系第二期,自然不会和庐隐是同一年。在北京师范大学文书档案室中保存的《北京师范学校同学录1907—1935》中记载,女高师第二期民国十二年(1923年)体育系毕业生15人,"石汝璧(评梅) 山西平定"赫然在列。这些都直接证明评梅是女高师第二期学员,如果不是1919年连续招了两届,那就只能证明百度里的表述是值得商榷的。

评梅去世后,陆晶清所著的《追记评梅——为〈石评梅作品集〉出版而作》中记录,1923年,评梅毕业前夕,曾携陆晶清告别女高师的红楼,"评梅边走边回忆她在红楼三年中的一些难忘的往事"。据此可以推断,女高师的学制应该是三年。1923年毕业,那入学自然应该是1920年。

那百度的"1919年在北京女子高等师范学校就读"从何而来?百思不得其解。查阅《平定县志》才发现,原来县志记载的就是"民国八年赴京入高等师范体育系深造"。看来,这个问题还真是个问题。

毕业季除了不舍还有什么？

　　栀子花开，又一群人要离开校园，有太多的不舍、太多的依恋。因为校园留着青春、留着梦，留着"书生意气"的豪情，留着"肝胆相照"的纯净。1923年，评梅离开女高师红楼时也充满了不舍和眷恋。

　　据陆晶清回忆："饭后，评梅到栖沐室寻我，她问：'今晚别去自修，陪我向红楼告别，行吗？'""评梅边走边回忆她在红楼三年中的一些难忘的往事。她把一件件事都描述得细致生动，有情有景，使我听得着迷。"为安慰评梅惜别"相依三年的女高红楼"，陆晶清写诗《一瞥中的凄凉梅寯》，评梅在酬谢晶清的诗《迷茫的残梦——谢晶清》中写道："'使命！'令我离了旧巢，把人间的余痕都留在梦内。"

　　此时的评梅已经受聘为北京师范附属中学女子部学级主任兼体育教员，要搬到师范附中教员宿舍（即"梅寯"）。虽然"含着别离的酸泪"，"换了个生活的花篮"，但却明白自己的"使命"——"将振荡着银铃，曼声低歌，走向人间！唤醒那沙漠上沉睡的青年！指导他去开辟人间的乐园"。

　　自己也不过是个二十刚出头的大孩子,但评梅能在离别的不舍中正视自己的"使命",正视自己的责任,及时转换自己的角色定位。情绪谁都有,但不被情绪所裹挟,是成熟的标志,也是毕业前的最后一次"考试"。

评梅参加的马克思学说研究会, 你了解吗?

　　罗章龙在《椿园载记》中回忆:"马克思学说研究会开始是一种秘密团体,因为当时社会上嫉视马克思主义……不少人感到研究会长期处于秘密状态,不能扩大影响,我们不能以学院式的研究来对待马克思主义,而应作为一种终身的事业。最后大家决定公开,好在社会上争取合法地位。"

　　1921年11月17日在《北大日刊》刊登"北京大学发起马克思学说研究会启事",公开"致意校内外的同志们",欢迎"加入共同研究"。发起人有高崇焕、邓中夏、罗章龙、高尚德(高君宇)等19人。"李守常(大钊)先生是赞助的,他没有在启事上签名,但是马克思学说研究会的当然会员。"第40名会员是"石评梅 山西 女高师",女会员第一名。

　　在评梅的散文《梅隐》中曾记录:"联步徘徊于暮云苍苍的北河沿……寻觅'梅园'(这里的'梅园'就是指北京大学马克思学说研究会高君宇等人的活动场所,也被称为'亢慕义斋',即'共产主义小室'),在'群英宴间',共沐着光明的余晖,静听些大英雄好男儿的伟论。"评梅和君宇曾多次参加"亢慕义斋"的活动,评梅还作过文字学专题讲座。《椿园载记》中也曾记录:研究会的成员"绝大多数是北大学生"。也就是说评梅是少数几个不是北大的学生,而北大之外的女生更是凤毛麟角。

时势固然造英雄,但能不能成为英雄更看个人的选择。山西同乡会上评梅认识的肯定不止君宇一个人,而认识君宇的人也不是只有评梅,最后能有共同的理想和信仰,除了缘分,更多的还是个人的选择。你相信什么,你的世界就是什么!

什么是人的第二张身份名片？

　　母校是人的第二张身份名片。有一所学校自己可以吐槽千百次，但不允许别人说一句不好，那就是母校。孙席珍在《女诗人评梅》一文中回忆"女师大风潮"中的评梅时说"女师大是她的娘家，女儿虽然嫁出去了，娘家的事情是永远不会忘记的"。"她一星期总到女师大看几次的"，"一提到这事，就会无限伤心"。

　　"这事"是指"女师大风潮"。1924年，作为北京女子最高学府，曾走出庐隐、石评梅、陆晶清、苏雪林等优秀学子的北京女子高等师范学校更名为北京女子师范大学，杨荫榆任校长。她排斥异己，压迫学生，胡乱支配学校经费，违章向学生征收费用，从而引起了师生的反对。

　　1925年初，女师大学生代表赴教育部要求撤换校长。5月，杨荫榆借故宣布开除刘和珍、许广平等六名学生自治会代表。7月底，杨荫榆借口学校修理校舍，逼令学生搬出学校。8月1日，杨率领军警入校，无端宣布解散四班学生，锁住大门，截断电路，关闭伙房，隔绝校内外一切往来，逼迫学生离校，并指挥军警殴打学生。

评梅从家乡回到北京后,去母校看望自己的学妹,听她们述说学校被抄的经过,目睹校园凄惨的景象,即以"毕业同学身份"参与"女师大风潮"的斗争。先是在自己主办的《京报》副刊《妇女周刊》创设"女师大风潮专号",发表通讯《报告停办后的女师大——寄翠湖畔的晶清》,揭露杨荫榆勾结军阀镇压学生运动的情况。后又去女师大看望校友,目睹了学阀、军警的暴行,当日又撰写通讯《女师大惨剧的经过——寄告晶清》,发表在《妇女周刊》。

觉醒的人生是幸福的吗？

在女权运动、妇女解放方面，评梅无疑是时代的先觉觉人者。她在书信体散文《露沙》（露沙是对好友庐隐的代称）中写道："一想到中国妇女界的消沉，我们懦弱的肩上，不得不担负一种先觉觉人的精神，指导奋斗的责任。"

她是这样说的，也是这样做的。1924 年 12 月 10 日《京报》副刊《妇女周刊》正式创刊，评梅亲自撰写《发刊词》，向妇女界呼吁："相信我们的'力'可以粉碎桎梏！相信我们的'热'可以焚毁网罟！"鼓励广大同胞要"大胆在荆棘黑暗的途中燃着这星星光焰，去觅东方的白采，黎明的曙辉"。明确指出"脱弃封建礼教"，"拯救沉溺的弱者"。

之后，评梅为妇女参与"国民会议促成会"而奔走呼吁，并发表政论文《致全国姊妹们的第二封信——请各地女同胞选举代表参加国民会议》，信中呼吁："幸而我们同是女子，同在这个渡桥上作毁旧建新的女子"，"相信日下低微的呼声，薄弱的努力，都是建砌将来成功的细胞分子"。在"女师大风潮"中，她用文章呼吁全国各界都来关注这起严重事件，"这次惨剧是我们女界人格的奇耻"，"我们永久纪念这耻辱，我们当永久奋斗"。后来，《妇女周刊》因故停刊，她和陆晶清又创办《蔷薇周刊》继续为妇女运动奔走呼号。

在教育教学工作中，她积极推进男女同校，改革女子教育，关心家庭贫困的女生，让广大女生感受温暖、获得自信。幸福的定义不一样，觉醒的人生不一定幸福，但一定是有意义的，因为她走在追逐梦的路上。有梦、追梦的人是幸福的！

行万里路最该准备啥？

1923年5月，评梅在毕业前夕与女高师体育系十二人、博物系十四人组成"女高师第二组国内旅行团"南下旅游，评梅任"参观交际"，历时一个月，6月返回北京。先后经过武汉、九江、南京、上海、杭州，后又到山东青岛、济南。既游览过黄鹤楼、雨花台、鸡鸣寺、西湖等名胜，也拜谒过秋瑾墓等先烈遗迹，沿途更是参观了很多女子师范及其附中、附小。

9月，评梅完成《模糊的余影——女高师第二组国内旅行团游记》一文。全文共分十四章，五万余字，刊载于《晨报副刊》（1923年9月4日—10月7日），分二十二次登完。这篇游记为我国新文化运动以来报纸刊登的文字最多、内容最丰富、连载时间最长的白话文游记。

这篇游记不仅对沿途的自然风光进行了记述，而且对沿途名胜的诗词、楹联、典故和各地的风土人情、社会新闻等都作了如实记录。更值得关注的是，在旅行中看到的社会现象和教育界的情景，触发了评梅对社会和教育事业进行改革的愿望。这次旅游为她后来从事妇女解放运动奠定了社会知识面的基础。

在参观沿途的学校,特别是观摩体育教学后,她写下了很多真知灼见和锋芒毕露的评论,也成为日后教学改革的参考。

没有思考,读万卷书只是让别人的思想在自己的脑子里跑马;不带心出发,行万里路也只是在朋友圈证明曾"到此一游"。出门旅游不是用自我的标准去衡量世界,而是为了找到世界中的那个不熟悉的自己。

"真的猛士"应该是？

我们对"三一八惨案"的了解大多是从鲁迅先生的《纪念刘和珍君》一文中得来的，在文章中我们不仅记住了"始终微笑着的和蔼的"刘和珍和"沉勇而友爱的"杨德群，也记住了段祺瑞执政府向请愿群众开枪虐杀学生的凶残暴行，更记住了"真的猛士，敢于直面惨淡的人生，敢于正视淋漓的鲜血"。而评梅就是迎着暴行和鲜血"奋然前行的猛士"。

1926年3月18日，段祺瑞执政府向请愿群众开枪，当场打死四十七人，女师大的刘和珍、杨德群也被害，陆晶清受伤，这就是"三一八惨案"。3月19日，评梅去母校向"三一八惨案"的烈士告别，当晚就写了散文《血尸》，揭露反动当局残杀革命群众的暴行。3月21日又去学校"写挽联"，"看小鹿"，"哭朋友"，"还给她们作文章"。3月25日，去参加刘和珍和杨德群的追悼会，晚上又写了文章《痛哭和珍》。

在文章中，评梅表达了自己的悲痛："和珍！谁都称你作烈士，谁都赞扬你死得光荣，然而我只痛恨，只伤心，这黑暗崎岖的旅途谁来导引？多少伟大的工程凭谁来完成？"(见《痛哭和珍》)同时也告慰挚友刘和珍:"你放心地归去吧! 我们将踏上你的尸身,执着你赠给我们的火把,去完成你的志愿,洗涤你的怨恨,创造未来的光明。"(见《血尸》)

　　需要特别关注的是这两篇文章都发表在《京报》副刊,而在3月26日,《京报》刊载了段祺瑞执政府第二批通缉令名单,鲁迅也在名单中。鲁迅先生的《纪念刘和珍君》发表时间是1926年4月12日。可见当时的政治环境之严酷,而评梅可谓是"直面惨淡的人生"、"正视淋漓的鲜血"、坚决相信未来的真猛士。

为什么周总理会对高、石的坟墓亲自作批示？

陶然亭位于旧北京的外城西南下洼黑窑厂南的慈悲庵内，为中国四大名亭之一。始建于清康熙三十四年（1695年），被各地文人视为到北京的必游之地，"昔人题咏颇多"。1921年，李大钊通过关系，曾租赁慈悲庵南房两间，开展秘密活动。石评梅曾和马克思学说研究会的会员在这里活动。君宇去世前的两个月，两人还同游陶然亭。可以说陶然亭见证了两人的"冰雪情谊"，但也说明这里并非墓地，高君宇和石评梅是安葬在"陶然亭畔"的墓地。

君宇去世后，评梅常去探望，但墓地周围荒芜，或"茔前积水二尺余"，或"被马蹄践踏，松柏被马啃坏"。评梅去世后，安葬在君宇墓旁。1952年，北京市人民政府决定将陶然亭辟为公园，高、石的墓因无人认领，被迁出，周总理视察时，当即建议将高、石之碑墓迁回公园。

1956年，周总理在审批北京城市规划总图时，强调要保存高、石之墓，并指出"革命与恋爱没有矛盾，留着它对青年人也是教育"。"文化大革命"中，北京的一些红卫兵推倒了高、石之墓碑。1973年冬,周总理在病中再次亲自批复,责成北京市委解决修复墓葬一事。1982年,邓颖超为《石评梅作品集》题写书名,并作《为题〈石评梅作品集〉书名后志》。

周总理一再对高、石的坟墓作出批示,不仅是因为君宇和评梅的革命精神和爱情故事值得后人敬仰和学习,还因为总理夫妇也算是这对革命者爱情的见证人。邓颖超回忆:"高君宇同志和周恩来同志是在党的第四次全国代表大会期间认识的,两人欢谈甚深,彼此互通了各人的恋爱情况,于是高君宇同志做了我和周恩来同志之间热诚的'红娘'。"邓颖超是亲自参加过高君宇的追悼会的,她说:"我和恩来同志对高君宇和石评梅的相爱是非常仰慕,但他们没有实现结婚的愿望,却以君宇同志的不幸逝世的悲剧告终,深表同情。"(见邓颖超《为题〈石评梅作品集〉书名后志》)

评梅理想中的女生是什么样子？

评梅虽被誉为才女，但她却没有把"琴棋书画"放在女子教育的第一位，她首先看重的是女孩子的"精气神"。评梅曾经的同事汪震在《评梅的女子教育》中说："石先生最喜欢的名词是'大大方方'，最憎恶的名词是'小姐气''小心眼'"，"她所反对的就是女子的那种闺房气"。评梅早在太原女师上学的时候，就和女生们一起嘲笑大讲"德、言、工、容"的督军夫人。

1923年评梅随女高师第二组国内旅行团参观了很多学校，见日本青岛高等女学校"学生精神活泼、姿势正确"，不禁感叹中国"几无一校能比得上"。在上海务本女学听体育课时，认为"教员姿态太软，宜于教舞蹈，不宜教体操"。在评梅任教的师范附中，红红绿绿的衣服是女学生所不穿的，"她们的虚荣心，可以说是相对的没有，只有一个朴实"。评梅的学生"'小姐气'是绝对革除的，什么事愿意自己下手，不愿意使唤别人"。

评梅希望女孩子可以像男子那样胸怀大志，从大处着眼，但也能保持女子固有的特点。评梅同样也反对"缺乏温柔敦厚的感情与细密心思"的"漫不经心"。她常说："女孩子家哪能……"显然,评梅心目中是有一种理想的完美女子人格的。

在《京报》副刊《妇女周刊》第二期上发表的杂文《红粉骷髅》中,评梅认为最美丽最骄傲的是:"人格品行,自持自检,要像水晶屏风一样的皎澈晶莹","充满学识经验的脑筋,秉赋经纬两至的才能","要适用在粉碎桎梏,踏翻囚笼的事业上"。这虽然不是单独描写理想中的女子,但也能够看出评梅胸怀大志、自主独立、文雅守正、光明磊落的人格追求。

什么是真教育者？

如果用现在某些硬性指标来考核，说评梅是教育家，可能有些言过其实，毕竟评梅没有什么关于教育思想的长篇理论著作。能看作她关于教育思想的理论阐述的，也就是1928年春在北京师范大学四年级学生会上，发表的关于女子教育的讲演，但据同事汪震回忆："是一篇十二三分钟的讲演，既没有讲演稿，也没有笔记。"但评梅无疑是一位真教育者。

真教育者是用自己的真实行动去感化、引领，而不是用僵化教条的理论去约束、去填充。评梅教学生习作，她自己就笔耕不辍，学生们读了她的作品，"也受了很大的启发和感染"；评梅教女生自立自强，她自己不仅在师范附中担任教员和女子部学级主任，还在北京师范大学、北平第一女子中学、若瑟女子师范学校等校兼课；评梅教学生"人活在世上总应该对别人有点用"，她自己就办报办刊，奔走呼号，积极投身社会事务；她倡导平民化，她自己就凡事亲力亲为，很少使唤人。

真教育者是拿出真情、真心来教。带队参加华北地区运动会，评梅让学生和自己睡一个被窝；为了提高学生的习作水平，

"叫我们每星期作一篇,你却在夜深人静时,还毫不畏劳地伏案改我们的作文"。用真心、真情才能发现"真"问题。评梅的小说《忏悔》中描写了一位女教师,"看了亚米契斯的《爱的教育》之后"受到启迪,"处处都用真情去感动"她的学生。她在处理女学生波娜为他人传递情书一事中,错怪了学生的"伟大精神",而"难受得落下泪来","算一件很悲哀、残忍、冷酷、庄厉的罪恶忏悔着"。作品第一次向教育界提出了"感情教育"的设想。

　　教育是一朵云推动另一朵云,一棵树摇动另一棵树,一个灵魂唤醒另一个灵魂。评梅就是那个用自己饱满的灵魂唤醒一群人的灵魂的真教育者。

评梅最可贵的是什么？

评梅出众的文采令人佩服，评梅感人的"冰雪情谊"令人扼腕，评梅的真情育人令人感动，评梅的革命激情令人激动，但站在百年之后再来看，评梅留给青年最宝贵的精神财富是：用行动去践行自己的梦想。

评梅是受"五四"精神鼓舞成长起来的第一代知识女性，她们是妇女解放、男女平等的最先觉醒者，许多新女性都投入到这场自觉觉人的运动中。也许评梅不是第一个觉醒者，也不是口号喊得最响亮的那一个，但评梅一直用实际行动推进和探索着。1924年，《京报》副刊《妇女周刊》创刊，评梅和陆晶清是主要编委和撰稿人，一年时间，"共出了五十期，字数大概有575000个"。先后发表了《致全国姊妹的第二封信——请各地女同胞选举代表参加国民会议》等文章揭露"女师大风潮""三一八惨案"中反动派的丑恶行径。《京报》主编邵飘萍和鲁迅等都为该刊撰写文章。之后，又创办《蔷薇周刊》继续为唤醒其他姐妹而奔走呼号。

评梅的行动没有停留在口号鼓动上，她清楚而深刻地认识到"女子不受平等教育,而受物质束缚,是永沦奴域,一切堕落的总因。所以教育平等运动,开辟女子职业生路,以谋精神自由,经济独立,实为现代妇女运动的治本计划"。评梅谋求男女平等的理想,既不屑于"唱高调",也不倡导"用暴力的方法",而是把教育作为提高女子地位的唯一途径。她除了在师范附中担任教员外,还在北平第一女子中学、若瑟女子师范学校兼课,还担任春明公学义务体育教员。

从1921年12月第一次公开发表作品算起,到1928年去世,评梅留下的文学作品大约50万字,而且诗歌、散文、小说、戏剧各体均有,先后编辑了《妇女周刊》和《蔷薇周刊》两份报纸,带领女师大附中的排球队参加华北地区运动会,和大学生同场比赛,获得亚军……这些都是在繁忙教学之余所做。

无论何时,都不要定义自己"我是什么"或者"我怎么样"。评梅的故事告诉我们:行动是梦想最好的注脚,奋斗者的故事永远是进行时。

山西的娃娃，离不开妈妈？

这句本地流传的谚语是说山西人眷恋故土，不愿离开家乡。换个角度就是说山西娃娃闯劲不足，不愿也不敢跳出舒适圈。当然，任何谚语都有具体的环境和适用对象，至少这句话，用在评梅这个地道的山西娃娃身上是不合适的。

评梅出生在平定，后随父亲游宦在外，13岁入太原女子师范学校就读，是个一直没有离开过妈妈的娃娃。1920年只身一人前往北京考学。"那时的平定城，正处在一个阿Q的时代"，一般的思想是"一个女孩子家，中学毕业亦就可以了，何必费劲地深造呢？"不仅是平定城，整个山西也都差不多，因为与评梅同期毕业的女子，去北京考学的只有评梅一人。"所以她在故乡人的思想中，确实是一个孤独者。"（本段引文均出自张恒寿《评梅之死》）

当时的困难可能不是我们现在能想象的，抛开交通和通讯困难姑且不论，评梅"北漂"的生活也充满了挑战。首先是投考，1920年春，北京大学才招收了9名女生入学旁听，开始了男女同校的尝试；1922年颁布的新学制才确立了男女平等的受教育权。所以当时的情景下,一个女子到北京上高校,说异类有些夸张,但一定是很前卫、很先锋的事情。这中间还遭遇了改科,一个有才女之名的女孩子,入体育系学习,放在现在也是要反复思量的事情。正如林砺儒先生所言:"以一个十九岁的女青年,能够这样打主意,这就是不凡。"

从1920年8月到北京求学,直到1928年9月去世,"漂"在北京的评梅根本谈不上安逸,甚至连安稳都够不上。上学期间,住在女高师的红楼,毕业后,受聘于北京师范附中,于是就搬到附中教员宿舍,"所谓宿舍在那个实际上荒废的古庙中,评梅住进的前进院里的一间南屋"。"花了一整天时间改变评梅住的那一荒斋的面貌","她就命名那间屋为'梅窠'。"住了不到一年时间,评梅生病,教工宿舍解散,评梅就搬到校长林砺儒先生家寄住。后在女子第一中学兼课,就"迁寓女子第一中学。暑假后又迁寄孔德学校,不久后又迁女青年会,不几日又迁到西栓马桩唐宅,不过十天,就病了"。

谚语反映大众心理,历史记住个别人物。理由是失败者的借口,坎坷是成功者的故事。

学生眼中的"石先生"是什么样的？

"石先生领着读《总理遗嘱》,然后给我们讲解。""她告诉我们:总理孙文,字中山,又号逸仙,是我们的'国父',还说他是伟大的先行者。""接着给我们讲辛亥革命……""就是在师大附中,在石评梅先生给讲的这一堂课上,我开始认识了'革命'这两个字。""我读石评梅先生的作品,最大的受益是,对'革命'这两个字有了进一步的认识。"这是评梅的学生颜一烟在1982年,即评梅去世五十多年后回忆"石先生"的文章中记述的。经过沉淀的记忆应该是更真实可信的。

"石评梅先生在课内和课外,常常对我们进行爱国主义教育,她给我们讲了许多我们国家的反动统治者腐败无能、丧权辱国、崇洋媚外的事情;也给我们讲了无数中华民族的优秀儿女前赴后继为祖国英勇牺牲的事迹。""我读了她的作品,才知道了轰轰烈烈的第一次国内革命,更知道了蒋介石对共产党人施行了惨绝人寰的'四一二'大屠杀。""我知道了革命不是虚无缥缈的,共产党也不是看不见摸不着的。"要知道,评梅的专业是体育,任教学科是国文和体育,可见评梅做的是"人师"而不是"经师"。

在给评梅送殡的当天,她的学生对于她的死悲痛万分,并且有一位昏倒在地。很多学生发文悼念。这一切,除了评梅给学生导师般的引领外,还在于她把真爱给予了学生。怕学生冻坏,就硬是叫学生睡在自己的被窝里。学生多年后回忆:"我长这么大,只跟母亲在一个被窝睡过觉,可是我的母亲已经不在了……我失去多年的母爱,今天评梅先生又给了我了!"

评梅在阅读亚米契斯的《爱的教育》后,就立志:"我从今以后,处处要用真情感化她们。"评梅确实也是这样做的。"她平常那样开朗旷达,跟同学们一块说说笑笑,打打闹闹,使人觉得她真是个幸福的天使,从不知人间有愁苦事。我在课堂上,听她讲课的时候,真像是看见了舌战群儒的诸葛亮;在操场上见她带着同学们攀杠子、跳高、赛跑、打球时,我仿佛又看见了大破天门阵的穆桂英……"这就是学生眼中的石先生,让人意想不到的评梅。

评梅的"伤感过甚"只是个人原因吗?

林砺儒先生曾说:"石先生的文章,据我看来,实在是主观的伤感过甚,满纸都是衰飒伤心话。"李健吾先生在《评梅先生及其文艺》一文中回忆:"石先生的作品,我们是常看的;不过作品中太Sentimental——太伤感。"好友庐隐也在《石评梅略传》中称评梅的一生是"哀艳清幽的一生"。说自己时常"看见你咽着泪惨笑的狞容之可怕,我不禁发抖了!"连评梅自己也说自己是悲剧的主角,称自己是"最后战死的先锋",是"牺牲了感情用意志去杀人的女魔"。有时仅从评梅作品的题目中也可感受到这种伤感,诸如《"殉尸"》《肠断心碎泪成冰》《我只合独葬荒丘》《墓畔哀歌》等等。

评梅的作品确实给人一种"悲悲切切"的感受,这首先和评梅个人的遭际有关。在1920年到1928年八年的"北漂"生活中,"但很不幸,我第一次便交给了一个不能承受我心的人,又不幸这时又逢见了不能爱我而偏要爱我的天辛(高君宇的笔名)",除了这感情的受挫、痛彻心扉的生离死别,还有母校被封校、好友被"虐杀"、革命导师被杀害等让人迷茫、痛苦的事情,伤感、悲切也是人之常情。上面几篇看题目就带有伤感情绪的文章，都写于君宇去世后的一段时间内。

除了个人的遭际，这种风格和评梅所处的时代环境也有关系。鸦片战争之后，"亡国之忧"一直笼罩在有觉悟的士人心头。20世纪初，新文化运动的启蒙，使一批知识女性接受了民主思想，在思虑国家存亡的同时，也在思考女性自己的出路。身处"五四"高潮期，和评梅一样的青年女性尽情呼吸着新文化运动和新文艺所鼓荡而来的蓬勃而鲜活的空气，可走出校门才发现，凭借几个觉醒的女性作家，尚不可能向传统的男权社会发起挑战。于是，思想深处和作品中，自然带有被传统礼教压抑、扭曲的痛苦，以及噩梦醒来无所归依的迷茫。这是时代群体心理在评梅个体身上的缩影。

与同时期出现的冰心、林徽因、凌叔华等出身豪门贵族的作家不同，评梅的家庭是普通的"公务员之家"，评梅也更有机会耳闻目睹平民女性惨烈的生活悲剧，家乡可怜的董二嫂死了，"不过像人们无意中践踏了的蚂蚁，董二仍然要娶媳妇，董二娘依然要当婆婆"；素雅高洁的婧君也去了，"她死在她爱人的面前，而暴露这一付骸骨给旧社会，这是她最后的战略"。小说《天下为婆？》反映平民女子无法服务社会；《蕙娟的一封信》则表达了自己对现实的看法："我只恨生于如此时代之中国，如此时代之社会。"对比评梅，我们应该庆幸生活在一个好时代。

评梅是为情悲伤而死吗？

　　这只是拙劣的小说家为了迎合大众的口味而做的一个主观臆测罢了。当然能做这样的"编排"，多少是有些依据的，比如君宇去世是在1925年3月5日，评梅去世是在1928年9月30日，中间只隔了三年多；又比如君宇去世后，评梅经常（有时甚至是每周）去陶然亭君宇的墓地，"抱着墓碑，低低地唤着他的名字，热的泪融化了我身畔的雪，一滴滴落在雪地，和着我的心音哀泣"。并且评梅在很多怀念君宇的作品中都表示了："我是应负重重罪戾对于你的家庭和社会。"

　　这样的结局再加上之前的红叶传情、象牙戒指，就构成了中国爱情悲剧的完美闭环。可事实是，评梅在悲伤之余，更多的是"我如今是愿挑上这付担子走向遥远的黑暗的"，"一头我挑着已有的收获，一头我挑着未来的耕耘，这样一步一步走向无穷的"。"我已不是从前呜咽哀号，颓丧消沉的我"，而是"努力去寻求生命的真确的战士"。评梅并没有消沉，而是更加坚定和成熟。

　　君宇去世后，评梅经历了"女师大风潮"、"三一八惨案"，经历了大革命失败,蒋介石大肆捕杀共产党人,李大钊先生和邵飘萍社长先后被杀害等事件。1928年5月,日本帝国主义出兵侵占济南,国民政府派去的十七名外交人员惨遭杀害,酿成"济南惨案"。评梅在《世界日报》副刊《蔷薇周刊》出刊"国耻纪念号",发表《蔷薇社对于济南事件之感言》,提出了对济南事件的七项主张,并以满腔的爱国激情、锐利刚毅的笔锋,写下诗歌《我告诉你,母亲!》讨伐日本侵略者,向全国青年发出战斗呼吁:"沸我热血燃我火把重兴我中华!"

评梅在1928年9月中旬仍创作小说《林楠的日记》,表达经济独立在妇女解放中的重要性。9月18日"觉得有点不舒服",但"觉得这种小病,怎么能耽误她们的功课"!照常去附中上课,还去若瑟女校上体操课。9月19日,发烧、昏睡、喊疼,朋友们把她送到山本医院,后因"山本实在太误事",一直不能确诊,于是在9月23日转到协和医院,确诊为"脑炎",9月30日,医治无效病故。评梅确实是因急病而死,而且可能是被庸医耽误。无论什么原因,"评梅已矣!"可以确定的是评梅是为了建设"另一个世界"而战斗到最后一刻的真战士。

评梅如果不是早逝，会怎么样？

这个问题似乎有些无聊，但这样一个年轻蓬勃的生命戛然而止，停留在本应是最绚烂的年龄，人们在悲痛、惋惜之余，不免会对逝者永无可能的"未来"做种种猜测，其实这也是对逝者的一种缅怀和纪念。从评梅的几位闺蜜的人生之路，大概也能寻到评梅"未来"的影子。

第一种可能是转向实际的革命斗争。视评梅为知己的陆晶清就从以前办报办刊的文字的呼喊中转身，郑重宣布："从绝望中我发现了光明的大路，于是燃烧着自己生命的火炬高举在手中，用慧剑斩断了一切爱恋与怨忿，披上征裳，我欣然的向着江南的战阵狂奔。"1932年与王礼锡结婚后，更是义无反顾地成为抗日救亡运动中的一名勇敢的战士，从而放下了散文的创作。评梅自己在日记中也写过："我还是希望比较的有作为一点，不仅是文艺家，并且是社会革命家呢！"好友袁君珊回忆，"她这一年（1927—1928），不断企图南去"，因为"北京的许多事情是这样需要她，她的母亲也是阻止她去的"，"她终于没有走成"。如果不是早逝，我们也许会看到一位职业女革命家，但可能就少了一位才女!

另一种可能是进一步提升自己在文学史上的地位。好友庐隐就在20世纪30年代继续执着于女性话题的创作。从《东京小品》到《玫瑰的刺》《花瓶时代》《男人和女人》,关注女性命运、探讨女性前途始终是庐隐创作的一个重要主题。评梅如果不是早逝,在文学创作方面或许会和庐隐一样,又有新突破。评梅的小说创作主要集中在1927年到1928年,而小说的主人公也大多是女性,除了以往的为妇女谋求独立呼号外,还塑造了一批参加革命或者向往革命的新女性,《匹马嘶风录》中的何雪樵更是20世纪30年代革命文学中"革命+爱情"模板的雏形。"我们再看她这一年来的作品,没有一篇不是充溢着革命的思想。《归来》《红鬃马》《流浪的歌者》《白云庵》《匹马嘶风录》等等,没有一篇不是写革命的故事。"这是为评梅整理遗稿的袁君珊在1928年11月所写的,而无产阶级革命文学这个口号的正式提出则是20世纪30年代的事情了。

当然还有其他可能,例如在教育领域有更多突破,林砺儒先生就希望评梅能成为"注重人本位教育"而不"偏信方法"的教育典范;成为"兼具博识、文雅高尚"的体育教员典范。但所有的可能也只能是可能,因为实绩是最好的证明。无论你出发时起点有多高,无论你方向多么正确,你的成绩都只记录在终点。

民国四大才女中，评梅强在哪？

　　吕碧城、萧红、石评梅、张爱玲被称为民国四大才女，如果单论作品的文学性，评梅可能比不过张爱玲；如果论革命文学界的影响，萧红可能也会后来居上，因为她毕竟是"鲁门弟子"；如果是论经历的跌宕起伏，在其他三位面前，评梅的经历只能说是小风小浪了。评梅和其他三位并列，多少有些"画风"不般配，原因在于：评梅有一个完整、有爱的童年。

　　评梅的父亲是清代的举人，但思想上是"非常清楚的老人"，评梅在《爆竹声中的除夕》里想到"七十多岁的老父"时写道："他不仅是我慈爱的父亲，并且是我生平最感激的知己；我奔波尘海十数年，知道我，认识我，原谅我，了解我的除了父亲外无一人。"评梅的母亲虽是父亲的继室，但夫妻二人感情甚好，评梅更是把母亲看作一切情感的归结点，甚至在君宇去世后极度悲痛的时刻，也感觉是母爱给了自己生的希望，"母亲的观念战胜了，又觉着以宇死后我感到的惨痛，而让我年高无依的老母去承受，我心何忍！"完整、有爱的原生家庭，让评梅虽受时代影响，追求自由独立，却能做到心底有爱，文雅守正，而不离经叛道。

因为心底有爱，所以有悲但不冷。初恋的失败，君宇的去世，确实也让评梅极度悲痛，作品中也常出现"孤月、坟墓、女魔"等悲凄的意象，但虽有悲伤，却没有像张爱玲笔下的人物所表现出的人性的自私和冷酷，《金锁记》中的曹七巧、《半生缘》中的顾曼璐，为了自己，甚至可以毁灭自己的儿女、姐妹。

因为心底有爱，所以有逆但不怪。作为受新文化影响的新女性，评梅自然和自己的家庭有观念上的冲突和对抗。因为心底有爱，所以评梅有叛逆但却不怪异，不刻意标新立异。对比吕碧城离奇着装，萧红的爱情纠纷，甚至好友庐隐为了爱的奋不顾身，评梅的举止真的可谓理智、理性，这和她们童年的经历必有关系。

原生家庭，是人一生绕不过去的坎。家里有爱，眼里才有光。

讲评梅的故事，你以为我们只是讲历史？

"为什么要讲评梅?"各种你能想到的答案,也都是我们出发的理由,但却不是我们坚持下去的全部动力。

出发时我们是奔着"有用"而去,希望能教育别人,但在挖掘和整理这些问题和故事的过程中,我们意识到首先要教育的是自己。每提出一个问题,我们的第一个追问就是"对当下有什么指导意义?"我们不是历史的复读机,我们一定要找到学习、纪念石评梅在当下的意义。不能说服我们自己的,材料再多,论据再充分,我们也只能忍痛割爱,暂时放下,我们不能保证我们说得都对,但一定能确信我们说的我们都信。我们不只是讲历史,我们看重的是历史的当下意义和现代价值。

也许在一般人看来,评梅的故事谈不上"有趣",尽管也有很多人"八卦"她的爱情纠葛。但"有趣"这个事,本身就很"有趣"。你不可能指望痴迷户外运动的人对麻将产生兴趣,也不能指望幼儿园的小朋友对曹雪芹的《红楼梦》产生兴趣。我们出发时只是想用这种短平快的形式向大众做一个评梅故事的普及,但我们逐渐感悟到只有不拔高、不膜拜,让历史人物回到

"人"本身,贴着人性问,顺着人性答,把人放到当时的历史环境中,看人的选择,才是真正的"有趣",也才是对评梅最大的尊重。

评梅做教员时,给学生讲革命道理,常会举赵世炎的例子,学生后来的回忆文章中就说:"赵世炎烈士,不也是师大附中的学生吗?他不也是个二十多岁的青年吗?他不就是干了革命?他不就是共产党员吗?他能干,我为什么不能干呢?"讲历史,目的是在历史中找到我们的身影;讲好身边的历史,是为了更好地找到我们的参照。上一个百年里,评梅能做到的,在百年新征程中,我们为什么做不到?我们讲历史,也在书写历史。再过一百年,后人会怎么讲述我们的故事呢?答案都在你每天的行动中!

为什么要讲"评梅之魂"?

　　石评梅的一生虽然短暂,却在文学、教育、妇女运动等方面都有可圈可点的成绩。可是也正因为生命短暂,所以从客观上来说,石评梅的思想体系尚不成熟,艺术特色还不够鲜明,成就也没有完全显现。这些都让后人在认识、解读石评梅的时候,不免会有一些偏颇和误解,或是侧重于评梅个人情感纠葛的浅读,或是偏重评梅作品中女权意识、悲剧意识的文艺分析,甚至还存在一些误读,认为评梅的性格和文学风格都是感伤、悲戚、忧郁的。但也早有有识之士提出,我们对石评梅的认识尚不能和石评梅实际的成就和地位相匹配。

　　中国艺术研究院副院长张庆善指出:"长期以来,由于种种原因,同冰心、庐隐等人相比,学界内外对石评梅文学活动和作品的关注是不够的。用现在的眼光来看,石评梅作品无论从文学角度或从社会文献的角度看,都具有不可替代的历史价值。"山西省社科院原副院长张海瀛称:"石评梅是新文化运动中涌现出来的一位敢于向旧世界挑战,勇于砸碎千年铁锁链,勤于新文学创作,为新文化运动做出重要贡献的伟大女性,其名气

和地位都是相当高的。"(引文出自《石评梅纪念文集》封底)

正本溯源,让评梅故事走出"戏说"的误区,让更多的评梅研究走进当代青年的心田,既是我们作为家乡人的责任,也是我们这代人的使命,更是新时期纪念石评梅的现实需要。纵观评梅短暂的一生,立足于教育当下青年的角度,"评梅之魂"可以概括为——理想坚定,文雅守正,追求独立,真情育人。以评梅故事为媒介,探索"评梅之魂",塑造新时代青年之灵魂,是我们的初心,也是我们的目标。

作为早期白话诗,《夜行》在艺术上有哪些突破?

　　《夜行》是石评梅1921年12月创作的一首白话诗,也是现在我们读到的评梅最早公开发表的一篇作品。如果用今天的审美标准来审读这首诗,可能算不上是上乘之作,但我们不能"以今度古",我们需要回到诗作创作的年代来重新认识其文学价值。

　　文学革命对于诗歌的震荡无疑是最大的,毕竟新诗与传统诗歌有很大的差异,而1921年,新诗还处在尝试和稚嫩期。中国现代文学史上第一部新诗集胡适先生的《尝试集》在1920年3月才刚刚出版,新诗的奠基之作《女神》在本年8月才出现,而胡适、郭沫若、刘半农等积极创作新诗的作者大多是30岁左右的有留洋背景的"才子",即使这样,当那些诸如"两个黄蝴蝶,双双飞上天"之类的白话诗崭露头角的时候,人们普遍感到疑惑:这就是新诗?

　　评梅作为一个不足二十岁、受传统诗歌文化浸染较多的女子,居然一出手就是这样的篇章,不能不令人刮目相看。

　　在现代文学史上,对早期白话诗的特点一般是这样概括的：重实感，不重想象，表现出写实主义的倾向；偏于说理，诗人在表现社会人生时，大多是印象的、旁观的、同情的，较少把"自己"融化在诗歌中；在诗的形式上，表现出散文化的倾向。

而石评梅创作的这首白话自由体新诗恰恰是在这三方面实现了突破：

1.《夜行》中虽然有"凉风飒飒""夜气濛濛""残星""松柏"等写实的意象，但整体侧重想象，想象在"荆棘夹道"的沉夜中，诗人"行行复行行"地奋斗前行，终于找到了光明的路，特别是第四节用"你听那——""你看那——"展开了想象的画面，使诗歌具有了生动形象的画面感。

2.《夜行》对早期白话诗偏于客观说理的倾向也有突破，把"自己"主动融入到诗歌的抒情中，虽然"荆棘夹道，怎叫我前进？"但诗人却依然强调"奋斗呵！你不要踌躇"，"你现时虽然在黑暗里生活，动荡"，但依然相信"光明的路，就在那方"。全诗用第一人称抒情，感情充沛，表现了作者对探索救国之道的追求和对祖国光明前景的赞颂。

3. 从诗歌整体来看，诗歌既注重句式的工整，又注意了诗歌的分行、分节，已经暗合了后来新月诗派所提倡的"建筑美"的特点。

《夜行》思想主题的积极意义是什么？

石评梅的《夜行》不仅实现了自由体白话诗在形式方面的探索，而且在思想内容方面既有对文学革命特别是"五四"精神的继承，同时也有突破。

诗歌前三节用沉沉黑夜来喻指当时的中国社会，诗人想象在沉夜中艰难地奋斗前行，终于找到了"光明的路"。在第四节，诗人饱含深情地讴歌初升的太阳，憧憬美好的未来，并发出了"我愿意和它永久生长"的心声。

为处于沉闷黑夜中的中国寻找光明，是当时新诗创作的一个比较主流的基调，例如朱自清的《光明》：

> 风雨沉沉的夜里，
>
> 前面一片荒郊。
>
> 走尽荒郊，
>
> 便是人们的道。
>
> 呀！黑暗里歧路万千，
>
> 叫我怎样走好？

"上帝！快给我些光明罢，

让我好向前跑！"

上帝慌着说，"光明？

我没处给你找！

你要光明，你

自己去造！"

　　这首诗和《夜行》是相近的题材，但落脚点上却有不同，朱自清的《光明》只是鼓励人们要寻找光明，要靠自身的力量。而石评梅的《夜行》已经不再踌躇和愁闷，已经看到了代表光明的"朝阳"——五四运动之后，在中国大地出现的革命浪潮，并且自信地预言"伊的本领能普照万方"。这就突破了同时期其他作品揭露、唤醒的主题。

为何称《夜行》是山西新诗的第一缕曙光？

对照同时期的其他诗歌作品，评梅的《夜行》在艺术上和思想主题上都有新突破。这与石评梅来到北京之后的学习和社会活动有关。石评梅是受五四运动的影响来到北京的，在北京女高师听了李大钊讲授的《社会学》《女权运动史》，思想上很受启发，和李大钊先生结下了亲密的师生之谊。1921年秋，又在"山西同乡会"结识了高君宇，后经高君宇介绍在11月下旬参加了北京大学马克思学说研究会，成为第一名女会员。这些经历无疑会对石评梅的思想产生深刻的影响。

《夜行》发表在1921年12月10日国立山西大学"新共和学会"的刊物《新共和》第一卷第一号上。言为心声，知人论世。从发表时间来看，这首诗反映了石评梅接触李大钊、高君宇等进步人士以后自己思想上质的飞跃。先进、进步的革命思想让这位被"五四"精神唤醒的青年学生坚信"伊的光明是出于东方"，憧憬祖国的山河，将是"鸟声喈喈"、"溪水曲径"，并发出了"自然的美呵！我愿意和它永久生长"的心声。

这首充满时代气息的自由体新诗，发表在当时相对闭塞的山西,无论是从思想内容还是艺术形式上,都为山西的自由体白话诗及新文学运动开启了一个新的篇章,具有特殊的文学和历史意义。

在新文化运动相对薄弱的山西,环顾周围的女性作家,石评梅的这首《夜行》无论从发表时间还是艺术成就都可以说是首屈一指的,从这个意义来说,称其为"山西新诗的第一缕曙光"是名副其实的。

剧本《梅魂》有哪两条线索？

《梅魂》是阳泉师专为纪念石评梅诞辰120周年、打造铸魂育人品牌而创作的一部话剧剧本。为了更好地突出石评梅思想文化的育人功能，让更多的青年学生走近评梅，了解评梅，学习评梅，剧本采用了双线结构。

一条线索是故事主人公石评梅革命思想的形成过程，这是故事的主体。四幕戏的故事地点分别是：评梅故乡平定石宅、北京陶然亭、北京报子街补习科和评梅在北京的住处——女一中宿舍。主要讲述评梅北上求学，受高君宇之邀参加马克思学说研究会的活动，"女师大风潮"中救助学妹和在革命低潮时坚定向往革命的事迹。

另一条线索是青年学生到评梅故居开展社会实践调查，听石评梅故居的义务讲解员讲评梅故事，感悟评梅精神。这条线索体现的是观众认识石评梅思想的一个过程。由起初的不了解，觉得她只是一个历史人物，到最后逐步认识评梅的精神内涵，并能和当下的自己相对照，明确自己的责任和担当。

两条线索穿插，把故事演绎和现实意义结合起来，更容易拉近历史人物与当下观众的心理距离，让观众不仅能看进去，还能看得透。通过青年学生和讲解员（剧中的老年男）的对话，解释青年学生对评梅的疑惑、困顿，更清晰明白地讲清了评梅语言行为背后的思想根源，明白新时期青年该从评梅那里学习、继承什么。

《梅魂》中"珍儿"的作用是什么？

　　《梅魂》第一幕的故事地点选在平定石评梅的家。石评梅生于斯、长于斯，即使后来在太原、北京上学或者从事革命活动，还经常会在暑假回到这里。所以把石评梅故事的起点设在平定石宅。同时还想在这一幕中适当穿插一些体现地方文化特色的元素，也是对本土文化的一种宣传。

　　第一幕的主要情节是石评梅要北上求学，父母因为心疼女儿而舍不得，发小珍儿来探望评梅，评梅劝珍儿一起走，珍儿劝评梅留下来，隔壁邻居董二嫂遭受丈夫和婆婆的打骂、虐待。这时的石评梅还是一个被"五四"精神感染的单纯追求妇女解放的热血青年，这一幕里的主要矛盾冲突是新旧妇女观念之间的矛盾冲突。这里的旧式妇女观念既有石母"相夫教子"的传统观念，也有珍儿"读书还不是增加嫁个好人家的资本"的伪新式观念。

　　剧中的"珍儿"是评梅在太原女师上学时的同学，设计这个人物，从情节上可以侧面交代评梅在太原女师时一些进步事迹，更重要的是想通过对比，突出评梅的北上求学在当时的社会环境中实属不易,珍儿虽然上过新式学堂,能识文断字,但仍然只是寄希望于"嫁个好人家",从思想深处仍然把自己放在男权中心的边缘,而不是像评梅一样追求与男子一样独立平等的人格。

通过剧中"珍儿"的形象,还想教育当下的青年学生,读书上学不是为了求取学历,为自己的婚姻爱情增加砝码,而是为了让自己能独立发光。哪怕是凡星一颗,也和月亮一起装扮夜空。

评梅为啥要对庐隐说"我真不如你"？

《梅魂》第二幕的地点设计在陶然亭。陶然亭是讲高君宇和石评梅的故事绕不开的地方，我们也没有回避。我们设计的剧情是，石评梅受高君宇的邀请参加"马克思学说研究会"在陶然亭组织的活动，期间聆听高君宇讲述苏俄之行的感受和见闻。好友庐隐准备南下结婚，约陆晶清一起来和石评梅告别。

这幕戏的焦点是青年人面对感情问题的不同态度。这里有石评梅走不出个人感情世界泥淖的苦闷与高君宇信仰坚定的革命乐观精神的对照；有庐隐奋不顾身地追求真爱和石评梅沉迷彷徨的对照；有庐隐的个人奋斗和高君宇"为了所有烦闷者重建一个新世界"的革命者的奋斗之间的对照。

剧中评梅对庐隐说："我真不如你！"这是对庐隐冲破亲属和社会舆论的责难给予鼓励。庐隐与原来的未婚夫解除了婚约，与北京大学毕业生郭梦良相爱，因郭梦良家中原有包办的妻子，他们之间的爱情遭到亲属和社会舆论的责难。庐隐为了维护真正的爱情，毅然决定与郭一起南下，赴上海举行结婚典礼。而此时，评梅却因为之前初恋受挫而不敢接受高君宇，正处于苦闷迷茫阶段。所以评梅佩服庐隐的勇敢精神，对其说："你胜利了！我真不如你！"

在这一幕中，评梅处于人生和思想的低谷，既有个人原因也有社会原因，但也是评梅触底反弹的转折点，因为评梅遇到了高君宇，这个有坚定信仰的革命者，让评梅一步步走向成熟。

《梅魂》第三幕的矛盾冲突在哪里？

　　第三幕的背景是"女师大风潮"，地点是报子街补习科。这里是被教育部刘百昭等人武装驱逐出女师大的护校学生的临时安置点，石评梅看到母校被占后，来这里探望自己的学妹张琼淑等人，遇到了教育部派来的官员吴能，石评梅一面安置学妹，一面质问和反驳吴能污蔑学生、歧视妇女的言行，后又和学妹们谈论妇女解放、妇女参政的问题，表现了石评梅对于女权斗争和妇女解放独特的见解。

　　第三幕表面的冲突是在"女师大风潮"中，评梅和教育部派来的官员的冲突，但这个冲突背后是觉醒的女性和秉持着男权中心的傲慢的男性之间的冲突，也可以说是少数觉醒的知识女性和被惯性挟裹的强大的男权社会的冲突。

　　剧中评梅凭借着凌厉的气势和严密的说理，似乎占了上风，教育部派来的官员尴尬地借机溜走了，但事实上，评梅也深刻地认识到女权斗争的这条路依然"道阻且长"，从后面和学妹们谈论《妇女周刊》的办刊情况就可看出。

　　更应该看到的是，"女师大风潮"事件发生在君宇突然得病去世之后,评梅和上一幕中的感情受挫时的情绪完全不一样,没有一味地悲伤沉沦,而是在高君宇思想的引领下,更加直面现实,关注社会,也深刻地认识到了妇女解放的真正出路——重建一个新的世界。同样是遭遇困境,评梅能从一个陷入个人感情泥淖的愁闷青年,转变为一个不畏强权、睿智理性的女权斗士,根源在于对高君宇所描绘的另一个世界的追随。

"蔚然"的出现是为了烘托评梅的什么性格？

第四幕的背景是"三一八惨案"后,1927年蒋介石发动"四一二"反革命政变,李大钊被杀害,革命陷入白色恐怖中,地点是石评梅在北京的住处。

剧情是陆晶清在石评梅的帮助和鼓励下,准备去南方参加革命工作来和石评梅辞行,遇上了之前妇女运动的领袖、现在已经变成阔太太的蔚然,蔚然大肆吹嘘她的个人享乐哲学,引起石评梅等人不满。因为发表《匹马嘶风录》和纪念李大钊的诗歌,军警上门盘问石评梅等人。石评梅送别陆晶清,表达出了要继承高君宇的遗愿,去南方做一些社会工作的革命坚定性。

剧中的人物胡张蔚然,取材于评梅的小说《偶然来临的贵妇人》,是一位妇女运动的领袖,她的情人有能力使她"过这种不劳而获的"贵妇人生活,因而她在思想上产生了一种"何必出去呼号奔波"的享乐主义观念。蔚然的出现,反映了在当时革命陷入低潮的大背景下,当初的一些革命者颓变分裂,甚至走上了自己以前反对的生活道路。而这时的评梅,却表现出更加坚定的革命斗志。到此也完成了对石评梅思想性格的塑造，评梅从受"五四"精神感召的热血青年逐渐成长为一个充满乐观精神的民主革命战士。

主体故事讲完，再次回到副线。青年学生通过讲解，明白了"梅魂"的内涵，明白了学习评梅的意义——听青春的故事，悟奋斗的真谛！并教育和号召同学们把"梅魂"的故事一直讲下去。照应了开头，两条线索都形成闭环。

评梅的理想是什么？

石评梅出生于1902年，那是一个新旧思想碰撞的时代。她看到了母亲们走过的人生道路"蕴藏着人间最深最深的忧愁"，"刻着人间最苦最苦的残痕"（引文出自《婧君》），立志要"反抗毁灭母亲们所居住的那种恶劣环境"（引文出自《寄山中的玉薇》）。也许年轻的评梅心底一直有个理想：那就是要改变命运，而且是要改变更多妇女的命运。从她的各类文学作品中，我们看到她忧虑的是自己的姊妹，是那些底层无法发声的妇女，是那些贫苦无法上学或者没有想到上学的女孩，而几乎没有为自己的生计、前途担忧过。石评梅心中装的是大志，而不是小我。

评梅不仅有着不凡的志向，而且还积极付诸实践。在太原女师读书时她就积极阅读进步报刊，在评梅的大书包中常有"什么《新青年》《每周评论》《晨报》等等"（引文出自张芝庭《忆少年评梅》）。受"五四"运动的影响，到北京求学后，评梅更是积极参加进步活动，成为李大钊、高君宇等创办的马克思学说研究会的第一位女会员。从1923年毕业到1928年去世，几乎所有的进步革命活动在石评梅的文学作品中都能找到痕迹，而且很多事件，诸如"女师大风潮""三一八惨案"，评梅都是参与者或见证人。

评梅的这种理想和信念很坚定。我们现在读到的评梅最早公开发表的作品是1921年12月发表在《新共和》杂志的白话新诗《夜行》，最晚是1928年发表的《我告诉你，母亲!》，这些诗歌作品中始终充满了坚持斗争的信心和激情。在1927年全国革命陷入低潮的时候，评梅还在日记中写道："我还是希望比较有作为一点，不仅是文艺家，并且是社会革命家。"（引文出自袁君珊《我所认识的评梅》）高君宇的去世确实让石评梅非常悲痛，但石评梅的怀念文字中除了悲痛和悔恨，更多的是对君宇事业的赞许和人格的敬仰，以及自己继承君宇未完成事业的决心。

毋庸置疑，李大钊、高君宇等中国共产党早期活动家对石评梅思想的影响是深远的。特别是高君宇，更让评梅高远的理想有了具体的支撑，让评梅的英雄情怀有了现实的参照。当评梅拿起笔去怀念君宇、缅怀大钊先生的时候，其实也是对中国共产党早期活动家精神风貌的一种描摹。

胸怀大志、理想坚定是评梅思想内核中极为重要的一个方面，也是当下研究评梅、学习评梅首先需要倡导的一点。

评梅理想中的妇女地位是什么样的？

沐浴"五四"的时代风雨，感受新旧时代交替间的惊喜、苦闷和迷茫，目睹了母亲们所走过的人生道路"蕴藏着人间最深最深的忧愁"，唤醒了评梅等新时代女性的自觉意识，评梅以先行者的身姿投身到妇女解放、女权运动等社会事业中，积极创办报刊，通过文学作品为女性独立奔走呼号。

评梅深知"纯阳性偏枯的组织为逆理"，但"以女子为中心的社会欠完美"。"我相信男女两性共支的社会之轴，是理想的完美组织。""女子由过去梦中惊觉后的活动，不是向男界'掠夺'，也不是要求'颁赐'，乃是收回取得自己应有的权利，同时谋社会进化、人类幸福的。"评梅所追求的"女权"是和男子共建社会、共谋幸福的权利，绝不是什么物质享受的特权。她理想完美的社会组织形式是"男女两性共支"。这种独立思想比起"子君式"的单纯追求婚姻自由的女性独立思想更具有进步意义。

评梅不仅是妇女解放、女性独立的倡导者，更是实践者。她明确指出："女子不受平等教育，而受物质束缚，是永沦奴域，

一切坠落的总因。""所以教育平等运动,开辟女子职业生路,以
谋精神自由,经济独立,实为现代妇女运动的治本计划。"她在
林砺儒校长主持的北京师范附中担任了女子部学级主任和体
育教员。评梅关爱学生,大胆改革女子教育,在教育教学中给
同学们传播男女平等的进步思想,鼓励女同学追求物质和精神
的独立。

　　由于自身所处的环境和经历,评梅有机会耳闻目睹平民女
性惨烈的生活悲剧,所以她更关注底层没有办法发声的姐妹
们,改变妇女命运的愿望和责任感也更为强烈。家乡可怜的董
二嫂死了,她痛惜"不过像人们无意中践踏了的蚂蚁,董二仍然
要娶媳妇,董二娘依然要当婆婆,一切的形式似乎照旧";素雅
高洁的婧君也去了,"她死在她爱人的面前,而暴露这一付骸骨
给旧社会,这是她最后的战略";表哥为追求自由婚姻和包办婚
姻的表嫂离婚,评梅替被抛弃的表嫂惋惜,"表哥弃了她让她怎
样做人呢? 她此后的心将依靠谁?""我想着怎样才能拯救表
嫂。"可以说,评梅的女权思想更具有平民意识,也更具有普遍
性。

为什么说评梅的性格是文雅守正？

新文化运动不仅是文学样式的革新，更是思想的唤醒，是一种对传统的批判。甚至为了批判和否定旧文学、旧思想，不惜采用一些激进的做法。石评梅虽然在文学作品中表现了对新世界的渴望，也有对女性命运的担忧和愁闷，对女性遭遇的不平的呼号，但是整体表现是理智的。即使是在"女师大风潮"中，面对母校的姐妹遭驱逐、受欺凌，或者是"三一八惨案"中刘和珍等人被杀害，评梅虽然表现出了极大的悲痛和愤怒，但却没有狂热的冲动。

评梅虽然是追求独立的新女性，但很关注家庭，珍惜亲情。在北京上学和工作期间，经常会利用寒暑假回到家乡平定探望父母，与家人团聚。在她的很多作品中都直接或间接地表达了对父母及家人的挂念。

评梅对于爱情的态度是严肃的。作为"五四"时期的新女性，很多人把婚姻自主看作是反抗旧礼教、追求个性解放的标签，但石评梅对于爱情和婚姻的态度却是严肃的。虽然石评梅的第一次爱情是失败的，但责任并不在自己，而是因为吴天放本人刻意隐瞒自己已婚并拥有家庭的事实，石评梅起先并不知晓。

据资料和作品中相关内容推断，石评梅和吴天放认识的时间大约是在1920年石评梅去北京求学之后。"评梅的父亲很不放心，因托了一个朋友，写信给在京的朋友照应她"，"有一个少年W君就到女高师去看评梅——这就是她父亲辗转所托请的人。"（引文见庐隐《石评梅略传》）吴天放是北大学生，颇有文采，常在报刊上发表一些新文学作品，两人的交往是因为这个原因而频繁起来。从中可见，石评梅对待爱情的态度是严肃的。

石评梅和高君宇的爱情大家都是熟知的，在高君宇生前，石评梅一直没有接受高君宇的爱，原因固然有之前的恋爱造成的阴影，但也反映了她对爱情的严肃态度。和"四大才女"中的其他三位的感情经历相比，甚至是和评梅的好友、同时期著名作家庐隐的感情生活相比，石评梅对待爱情的态度都是相当慎重的。

处在新旧思想激烈碰撞的时代，石评梅一方面积极汲取新文化、新思想中的养分，同时又能做到文雅守正，不偏激、不狂热，这一点也特别值得当下青年学生学习和发扬。

入选民国四大才女，是评梅之幸吗？

提起石评梅，一定绕不开"民国四大才女之一"这一称号。毋庸置疑，石评梅能入选确实提升了她的知名度，毕竟是一个国字号的招牌，而且是在大咖云集、人才荟萃、精彩纷呈的民国时期，这也充分说明了石评梅在当时确实是有一定的社会影响力的。能够和张爱玲这个拥有较大读者群的作家相并列，更是提升了石评梅在当代读者心目中的地位，甚至让我们这些后辈乡党都有一种莫名的自豪感。

但入选民国四大才女，是评梅之幸吗？答案是存疑的！

我们首先需要追究一下民国四大才女这一称号的由来。

截止到现在，尚没有查找到这个称号最初的提出者及其并称的理由。这里依据百度百科的资料做了一个表格，便于大家能直观地了解四位才女的基本情况。（另：民国四大才女还有其他说法，有庐隐而没有吕碧城，我们姑且不议。）

	吕碧城	萧红	石评梅	张爱玲
生卒年月	1883—1943	1911—1942	1902—1928	1920—1995
出生地	天津	黑龙江哈尔滨	山西平定	上海
最早发表作品时间	1904年左右	1933年小说《弃儿》	1921年白话体新诗《夜行》	1939年小说《天才梦》
代表作品	《信芳集》《琼楼》等旧体词	《呼兰河传》《生死场》	《断头台畔》《墓畔哀歌》《模糊的余影》	《金锁记》《倾城之恋》
荣誉称号	"近三百年来最后一位女词人"、中国第一位女性撰稿人、中国新闻史上第一位女编辑、中国女权运动及女子教育的先驱者	20世纪30年代的文学洛神	"北京著名女诗人"	中国现代文学史上有独特的地位
作品主题		表现北方乡村特有的荒凉旷野下人们的生存状态、风俗文化		"让女性在自己的位置上自演自绎，呈现其矛盾、压抑、自我冲突以至丑怪畸形的深层风貌"
原生家庭	父亲进士及第，12岁时父亲去世，家产被占，后随母投奔舅舅，20岁离家出走，独闯天津	封建地主家庭，幼年丧母，和继母关系不和	父亲是清代举人，母亲是续弦。一直和父母关系和睦	祖父是清代名臣，祖母是李鸿章的女儿，父亲是纨绔子弟，母亲是留洋女性
工作	编辑、商人	作家	教师	职业作家

虽然图表内容简略,但依然可以反映出如下特点:

1.年龄上时间跨度较大。石评梅发表第一首白话新诗是在1921年,张爱玲出生是在1920年;石评梅去世是在1928年,萧红最早的作品发表是在1933年;吕碧城1904年发表作品的时候,石评梅才两岁,而萧红和张爱玲还没有出生;当张爱玲在20世纪40年代大红大紫的时候,其他三位差不多都已去世。

2.出生地或主要活动地空间跨度大。石评梅的主要活动地就是故乡山西平定、太原和北京,1923年从女高师毕业时随"女高师第二组国内旅行团"南下旅游,但应该和其他几位也没有交集。最有可能有交集的是萧红,因为萧红曾入北平大学女子师范学院附属女子中学读高中一年级,但那也是1930年的事情,而石评梅1928年9月就已去世。

从上面的内容可以推测,四位才女生前没有交集,也谈不上有师承关系,因为从作品上,她们表现出了不同的美学追求。

作品体裁上,没有一致的追求。吕碧城着力创作的是旧体诗词,被誉为"近三百年来最后一位女词人",而其他三位创作的都是以白话文为基础的新文学;即使同为新文学,石评梅是各类体裁均有涉猎,以诗歌、散文成就最高,萧红和张爱玲却是以小说见长。

作品主题上,呈现不同特色。张爱玲以描写世态人情,特别是女性的命运为主;萧红是左翼作家,小说更多的是表现北方乡村特有的荒凉旷野下人们的生存状态、风俗文化;石评梅的作品虽有反映个人情感的内容,但大多是歌颂英雄、向往光明,表现对女权斗争、社会革命等的思考。

据此推测,把四位并列也不是出于文学观念的接近。事实上,四位不但文学追求不同,而且个人性格差异也很大。

更准确地说是石评梅与其他三位的性格差异大。虽然在各位才女所处的时代,她们都是具有反抗精神的新女性,但是相较于其他三位在行为处事、感情婚恋上的大胆和执着来说,石评梅更像一个新旧思想的矛盾体,甚至有些凄婉哀怨的林黛玉的影子,而不像其他人那样热烈地"燃烧"自己。

性格的成因有很多,但原生家庭的影响是不能不考虑的。从上面表格的简要介绍中就可看出,其他三人的童年和少年都是经历过较大波折的,唯有评梅的原生家庭虽然没有带给她大富大贵,但却一直完整和睦,而且父亲是很开明的文化人,母亲也是出身书香世家的传统妇女。评梅一直和父母保持着良好的关系,这些都或多或少地影响着评梅的性格和处事方式。

有如此多的不同,却为何被组合在一起?如果只论文学才华,和石评梅同时期的冰心、林徽因为何没有被并举?因找不到最有力的证据,所以只能推测:这是书商的营销手段。之所以能成为营销的亮点,在于这一组合背后都有一段引人眼球的爱情故事。

所以入选民国四大才女,未必是评梅之幸。因为它把人们的注意力引向了石评梅的感情生活,而忽视了石评梅文学创作的独特价值和社会斗争工作的进步意义。

　　石评梅和高君宇冰清玉洁的精神之恋确实感人，也值得后人传颂，但这绝不是石评梅的全部，甚至不是石评梅短暂人生的主体。

石评梅的小说创作主题主要集中在哪些方面？

　　石评梅的创作生涯中，各种文体均有涉猎，相对而言，小说创作起步较晚，主要集中在 1927 年至 1928 年。一般而言，随着年龄的增长和社会阅历的增加，人的思想会更加成熟和稳定。那么，聚焦这一时期小说创作的主题，应该能反映石评梅的思想倾向和文学创作的关系。

石评梅小说创作总览

小说名称	发表时间	主人公	主题简括
《病》	1923.2	"我"	病中怀念母亲。
《只有梅花知此恨》	1925.3	潜虬、蕙妹	礼教压抑下的爱情。
《弃妇》	1925.12	表哥	妇女问题。
《祷告——婉婉的日记》	1927.4	婉婉	塑造了一个孤女婉婉，通过她的日记，揭露了社会的残酷，表达了对贫穷、孤苦者的同情。
《红鬃马》	1927.5	"我""郝梦雄"	塑造了辛亥革命时期的一位英雄，为了反对军阀的统治而惨遭杀害，激励了"我"的革命斗志，踏入"另一个世界"。
《余晖》	1927.5	苏菲、钟明	揭示了革命阵营中出现的"纷争""自利"对革命青年思想上的伤害，表达了对革命前途的忧虑。

小说名称	发表时间	主人公	主题简括
《归来》	1927.6	马子凌	描写了战斗英雄的归来以及军阀混战给民众生活带来的灾难。引用了"历史使命的走卒"。
《被践踏的嫩芽》	1927.7	梦白(老师)海妮、林翰生(学生)	教育问题,学生感情问题。
《白云庵》	1927.8	刘伯伯(辛亥革命时的英雄)	塑造了一位隐居在故乡的老英雄的形象,作者借主人翁之口,道出了革命的必行,也表明了作者寻找新生命和新生活的决心。
《流浪的歌者》	1927.8	碧萧、流浪者	小说通过流浪歌者的信文叙述了革命内部的分裂情况,表达了作者对革命叛徒的愤慨,对惨遭迫害的青年的同情,以及对中国革命前途的关切。
《匹马嘶风录》	1927.12	何雪樵、吴云生	塑造了在大革命高潮中离家从军的女教师何雪樵,她的爱人吴云生在胜利前夕被捕牺牲,这使她产生了"沉没下去"的念头,最后,何雪樵从消极中化悲愤为力量,"要挣扎起来干!给我惨死的云哥报仇"。小说中引用了高君宇的"两个世界"。
《一夜》	1928.2	梅玲	怀念"七祖母"。
《忏悔》	1928.5	先生	作品向教育界提出感情教育的设想。
《林楠的日记》	1928.10	林楠、魏林	小说塑造了旧家庭的女子林楠,发现从军三年的丈夫魏林回乡后又有新欢,万分苦痛,想要离婚,又舍不得子女和正需要人服侍的公婆。作品揭示了妇女自立——即经济独立在妇女解放中的必要性。

注:本表中主题简括参考《评梅女士年谱长编》。表中所列篇目参考山西人民出版社的《石评梅全集》。

《评梅女士年谱长编》中所列的其他小说篇目

小说名称	发表时间	主人公	主题简括
《霾梦中的扮演》	1928.1	"我"	小说描写了一个自甘沦落的女子的满腔悲愁,控诉"张开那血盆巨口预备噬人"的黑暗社会。
《原谅我这是偶然》	1928.1		小说写大革命失败后,一部分男女青年因"心中难言的哀怀"而借狂饮、乱舞来发泄"满腔悲愤"的悲惨现实。
《毒蛇》	1928.2	琪如	女子教育的必要性。
《蕙娟的一封信》	1928.5	蕙娟	借女主人的信,写社会的黑暗现实,表达了作者对现实的看法:必须彻底推翻,来一场彻底的革命。
《偶然来的贵妇人》	1928.8	藻如 胡张蔚然	小说描写了一个曾经的女界领袖的颓变,作者借贵妇人之口,揭露了当权的革命颓变分子,也表明了自己的志向。
《"天下为婆"?》	1928.9 收入《偶然草》时题目改为《晚宴》	文蕙	揭露了北伐后的新贵们腐化堕落的生活以及女界存在的严重问题,平民女子无法去服务社会。
《卸装之夜》	1928.9	中学校长蔷如	通过学校里发生的故事,来反映社会现实的冷酷,哀叹国家教育的失败。

注:1. 本表中主题简括参考《评梅女士年谱长编》。

2. 表中所列篇目在山西人民出版社的《石评梅全集》中全部收录,只是收编在散文部分,其中《原谅我这是偶然》在《石评梅全集》中的题目是《惆怅》。

通过表中的统计：1927年至1928年间，石评梅共创作小说18篇，除了《一夜》是怀念"七祖母"的亲情主题外，其他篇目的主题主要涉及革命斗争、妇女问题、教育问题三个方面。

这种划分可能有些简单，但也从一定程度上反映出石评梅小说创作的思想倾向，重心仍然与社会斗争、革命形势息息相关。这里既有对军阀混战给百姓造成灾难的描摹，也有对革命阵营分裂的心痛和反思，更多的还是对革命前途的关切。这一时期正处在革命陷入低潮、白色恐怖笼罩着全国。石评梅虽然没有参加具体的文学社团，也没有明确的关于文学创作理论的文章发表，但是从她的创作实践来看，和早期共产党人的革命文学观是吻合的。

小说中关于妇女问题的主题也在不断深化，反映出石评梅对妇女运动问题的不断思索。除了之前的"弃妇"主题（《弃妇》），小说还涉及到女子经济独立的重要性（《林楠的日记》），平民女子服务社会的问题（《晚宴》），女子教育的必要性（《毒蛇》）等问题，这些都不是停留在理论层面的问题，都是现实生活中作者亲身感受到后付诸笔端的。

石评梅学的是教育，做的是教师，她把自己教育工作中的事情反映在文学作品中，这类小说在现代文学史上寥若晨星，非常值得关注。

单从艺术成就上来说，石评梅的小说可能还比较稚嫩：缺乏宏大的构思，情节也不够紧凑，人物塑造还不够典型。但从作品的主题来看，我们能看到石评梅是用自己的笔来反映现实生活，用自己的文字来进行探索和思考，并力求能对社会有所裨益。这种精神和后来的左翼文学运动的精神是相通的，虽然因为作者因病突然离世，我们无法断言后面的事情，但石评梅短暂的创作生涯中却一直是以文章为武器，用生命在书写，这一点应是我们后来人的共识。

石评梅总体创作情况是怎样的？

现在读到的石评梅第一篇公开发表的文学作品是1921年12月发表在《新共和》上的《夜行》，最后一篇是1928年10月发表在《中央日报》的小说《林楠的日记》（此文是石评梅生前寄出，去世后发表）。从山西人民出版社出版的《石评梅全集》附录部分的《石评梅发表作品一览表》可以看出，石评梅的文学创作主要集中在1922年到1928年，又以1923年至1927年作品最多（参看下表）。

石评梅文学创作总览

发表时间	总篇目	诗歌	散文	小说	戏剧	戏剧评论	游记	书信
1921—1922	6	3	1		1	1		
1923	25	20	2				2	1
1924	29	15	12	1				1
1925	29	9	14	2			2	2
1926年	14	3	11					
1927年	20	3	10	7				

发表时间	总篇目	诗歌	散文	小说	戏剧	戏剧评论	游记	书信
1928年	10	1	4	4				1
生前小计	133	54	54	14	1	1	4	5
去世后发表的遗稿	15	0	7					8
合计	148	54	61	14	1	1	4	13

注:1.本统计表中作品发表时间及其作品统计,依据是山西人民出版社的《石评梅全集》中的续表《石评梅发表作品一览表》。

2.作品数量在原来表中只有一个名称的,统计时只按一篇计,例如《模糊的余影》是一个连载的游记,总共十五篇,但在本表中也只按一篇计,其他同理。

3.石评梅去世是9月30日,但《林楠的日记》是生前寄出,去世后10月17日才发表,所以生前小计也把其统计在生前。

4.个别作品体裁有争议,本统计表以书中的标记为准。旧体诗也并入诗歌体裁类。

而这短短的五年,发生在石评梅身边的大的社会事件,在石评梅的作品中均有体现,甚至可以反过来说,石评梅的文学创作就是围绕她生活中的社会大事件来展开的。

1923年2月,京汉铁路工人大罢工,最终酿成"二七惨案"。4月,石评梅写下了《罪恶之迹》一诗,表达了作者对人间罪恶的悲愤,并对革命青年寄予了极大的希望。从写作时间来看,这首诗是在"二七惨案"之后,当时革命工人遭到了军阀的残酷镇压,石评梅是为正义而战斗。这一时期,石评梅和高君宇多有书信往来,而高君宇就是大罢工的领导人之一,并且参加了"二七善后委员会"的工作。

1923年从女高师毕业前,石评梅随同学组成"女高师第二组国内旅行团"一起南下,沿途欣赏各地名胜的同时,也观察了所到之地的教育状况和社会现象,并完成游记《模糊的余影》,在《晨报副刊》连载22期。这篇游记是我国新文化运动以来报纸刊登文字最多、内容最丰富、连载时间最长的白话文游记。《晨报》作为当时宣传新思想、推进新文化的刊物,能连载这个游记,和石评梅在游记中表现出的发扬"五四"精神、解决妇女问题、改造中国教育事业的决心不无关系。

1924年石评梅和陆晶清正式接手《京报》副刊《妇女周刊》,发表《发刊词》,向妇女界呼吁:要"大胆在荆棘黑暗的途中燃起这星星的火焰,去觅东方的白采,黎明的曙辉",并列出了"粉碎偏枯的道德""脱弃礼教的束缚"等六条办刊宗旨。之后还在该刊物发表诗歌、散文等作品宣传和表达自己的主张。1925年2月,更是直接发表政论散文《致全国姊妹们的第二封信——请各地女同胞选举代表参加国民会议》,鼓励妇女为争取自己的权利而斗争。

1925年的"女师大风潮"中,石评梅以"毕业同学的身份"参与其中,在《妇女周刊》开出"女师大风潮专号",亲自写通讯《报告停办后的女师大——寄翠湖畔的晶清》《女师大惨剧的经过——寄告晶清》,揭露杨荫榆勾结军阀镇压学生运动的情况,并代表"二万万可怜的女子请命",呼吁全国各界都来关注这起严重的事件。

"三一八惨案"爆发后,石评梅一方面帮助料理后事、照顾伤员,一方面满含悲愤地写下《血尸》和《痛哭和珍》,揭露反动当局惨杀革命群众的暴行,缅怀挚友刘和珍,并对一些反动文人的谬论"请什么愿,亡国有什么相干"进行了有力的回击,"他们比什么都残忍,他们整个都充满奴气"。在之后的两年,石评梅在《世界日报》副刊《蔷薇周刊》分别撰写《深夜絮语》和《我们的哀思》,悼念刘和珍。

1927年4月29日,北京报界披露了李大钊等人被害的消息。5月3日,《蔷薇周刊》就发表悼诗《断头台畔》,悼念被杀害的烈士,并且在末尾特别署了写作日期"十六年四月三十日",也就是李大钊被杀害的消息被报道后的第二天,虽然诗歌没有明确指出名字,但其所指是显而易见的。

1928年5月发生"济南惨案",石评梅主持的《蔷薇周刊》专门组织出版了"国耻纪念号",在署名"记者"的《引言》中写道:希望"我们这区区的热忱,能够在狂沙飞舞,云天惨淡,举国悲愤的一致抗日声里,激动磅礴的敌忾,得到些许的收获"。随后她写下诗作《我告诉你,母亲!》,以满腔的爱国激情,锐利刚毅的笔锋,讨伐日本侵略者,表明她对制造"济南惨案"的强烈义愤。

纵观石评梅短暂的文学创作生涯,我们看到石评梅的文学创作不是为文学而文学,不是想营造一个理想世界,而是把文章当作武器,用生命在书写。她的文字就是她向往光明、希望重建新世界的心声的最大袒露。

剧本《梅魂》

序 幕

人物

老年男——石评梅故居的义务讲解员。

学生男、女—— 阳泉师专参加社会实践的大学生。

老年男 （面向观众问,自问自答）乌央乌央来了这么多人,你

们这是干甚呀?

老年男 看戏?

我守在这里四十多年了,没听说过这里有戏呀?

你问我是谁?

不懂我的说我是看门人! 懂我的说我是守魂人!

［青年男女上,边走边说:"评梅广场姑姑寺 3 号,到

了,到了。"

老年男 （老年男无奈地摇头,喃喃自语状）又一群拍照打卡的。

学生男 （合）来来来,拍照拍照。

学生女　（合）来来来，拍照拍照。

学生男　看这旧院子、旧物件，和青春也不沾边呀？

学生女　是呀，咱们的实践主题是"奋斗的青春"，可这——和青春有啥关系？ 老师为啥让咱来这石评梅故居呢？

老年男　（老年男嘀咕）这院里就留着一个青春的故事。

　　　　［学生们注意到了老人，围了过来。

学生女　北上广深有奋斗的青春，BAT 里有奋斗的青春，这古城小院里有奋斗的青春？

老年男　何人无青春，奋斗不择地！

老年男　（慢条斯理地说，转身向着刚才的女生）闺女，很年轻啊！00 后？

学生女　02 的。

老年男　这个小院故事的主人公也是 00 后。

　　　　［众学生惊讶、骚动。

学生女　也是 00 后，石评梅也是 00 后？

老年男　嗯，只不过是比你们早了一百年的 00 后！

老年男　青春是用来奋斗的不假，可更要看为什么而奋斗！

学生女　为——什么？

老年男　我也不知道怎么回答你们，但我知道我们古州平定上个世纪的这个 00 后女子，她的青春却不只是为自己奋斗。

学生女　不只为自己？ 那——

学生男　老爷爷,那您能给我们讲讲她的青春故事吗?

老年男　好多人来了又去了。很多人慕风流才女的名而来,但
　　　　　也只是拍照留念而去,又有多少人真正理解这个古州
　　　　　女儿的魂啊!你们要是愿意听,我就讲讲:1902 年,石
　　　　　评梅就出生在这个小院,小名元珠。

　　　　　〔灯光暗,第一幕开始。

第 一 幕

人物　石评梅——十八岁。

　　　　石母——石评梅的母亲。

　　　　嫂子——石评梅的嫂子。

　　　　石父——石评梅的父亲。

　　　　张妈——家里的佣人。

　　　　珍儿——石评梅的发小。

地点　山西阳泉平定城石宅

　　〔石父在躺椅上看报,石母在房里做花糕,嫂子在一边帮
忙。气氛安静而略有些压抑,石母间或用衣袖擦拭眼泪。石评
梅(心珠)蹦跳着上。

石评梅　我来了,我来了,妈——我来了——

　　　　[无人应,嫂子过来拉住石评梅,做噤声状。用手指指石母,石评梅会意,扮鬼脸。蹑手蹑脚走到石母旁边,拉住母亲的衣袖,撒娇。

石评梅　妈——我回来了——你的宝贝珠回来了——

石　母　(石母故意阴沉着脸,气呼呼)我才没有什么宝贝,走吧,走吧,走得越远越好!

石评梅　(石评梅故意甩开石母,跑到石父跟前撒娇)父亲,你看我妈不要我了!

石　父　(石父被活泼可爱的女儿逗乐了,把女儿揽过来)元珠啊,虽然你是个女孩,可读书我是从不反对的。从小,国学新学都没有落下,可这次去北京,只有你一个人,又没有个人照料,你妈也实在是放心不下啊!

石　母　(石评梅刚想说话,被母亲接过话头)一个女孩家,读那么多书干啥? 将来还不是要嫁人,要相夫教子!

石评梅　(石评梅激动起来)妈,我就知道你是这种旧观念,女子难道就只有这一条路? 难道就不能学点文化,难道就不能学成一门专门的技能,难道就不应该在这社会谋得一份工作,自食其力,赢得和男子一样的地位,获得一样的尊重吗? 难道你就甘心做父亲的附庸吗?

石　母　附——庸——? 我不知道什么是"夫佣",我只知道我是你父亲的夫人,佣人是张妈!

石评梅　（石评梅听了母亲的话,又气又急）妈,你顽固!

石　母　甚是顽固? 我只知道女孩该早早完婚,其他? 顾不

　　　　上——

　　　　〔众人笑,石评梅急,还想说,被嫂子拉住。

嫂　子　珠妹,珠妹,妈也是担心你,你从小被宠惯了,什么事

　　　　情也爱激动,不考虑后果,现在时局也不太平,家里是

　　　　担心你一个人出去……

石评梅　（石评梅仍然是激动的样子,气鼓鼓状）激动? 激动?

　　　　我什么时候激动了?

珍　儿　（珍儿从门外上,接过话头）太原女师刚入学你就激动

　　　　了——

　　　　〔石母、石评梅、嫂子都看到了来人,都叫"珍儿来了",

　　　　珍儿和大家打过招呼,继续对着石评梅说。

珍　儿　人家入学出的作文题目《女子无才便是德》,这也算是

　　　　圣人的话,看看你的答卷——

珍　儿　（珍儿摇头晃脑模仿起来）故堂堂女界学府,集良淑之

　　　　精华,竟然点此小题,是启发女子振兴耶? 是欲使晋

　　　　城女子皆倒笔罢试归里,甘做炉边、炕边、磨边之生涯

　　　　……

石评梅　我说的是实话嘛!

石　父　你说的是实话,可未必是应该说的,如果不是何校长

　　　　爱惜人才,恐怕……

石评梅　我不怕！

珍　儿　你是不怕，督军夫人到学校视学，你和几个同学弄得
　　　　督军夫人很是尴尬，嚷着要退出礼堂。

石评梅　她讲的都是"德、言、工、容"封建礼教的那一套说教。

石　父　我还听说前不久，你们为了参加社会上的斗争，多次
　　　　和学监、门卫发生口角。

石评梅　（石评梅争辩）那是因为学校不让我们上街参加活动。

石　父　我还听说你写了文章，贴在了走廊上，甚至还办了一
　　　　些刊物……

嫂　子　家里听说学校差点要开除你，都别提多担心了。母亲
　　　　好长时间都睡不好觉，说梦话都在念叨你的名字。你
　　　　看母亲的头上又添了那么多白发。

石评梅　（石评梅踌躇着走到母亲跟前，伤心）妈——

石　母　（石母依然背对着女儿，边抹眼泪边假装生气）我顽
　　　　固，我是附庸。

石评梅　（石评梅又笑又委屈，扭头向父亲）你看我妈——
　　　　〔众人微笑。

石　母　珍儿，你们小姐妹也好长时间没见面了，你快好好劝
　　　　劝她。她嫂子，咱去厨房看看灶上的火怎么样。
　　　　〔石母和嫂子下。

石　父　你们俩年岁差不多，又都在太原上过学，也许你们更
　　　　能说得来，有个伴终还是好一些。我去院子里浇浇

花,你们聊。

[石父下,只留下石评梅和珍儿。

石评梅　珍儿,你不来,我还正要去找你呢。

珍　儿　珠,真的要走吗?

石评梅　当然是真的了,你和我一起走吧。我们一起去北京,
　　　　一起去做一个有作为的新女子。

珍　儿　我们还不算新女子?我们能读书识字,还去外面上过
　　　　学,有这些做资本,就足够我们将来找个好人家了。

石评梅　难道我们女子读书就是为了给自己出嫁增加砝码?
　　　　难道女子的出路就只有找个好人家,难道女子的命运
　　　　就只能掌握在别人的手里?

珍　儿　难道不是?

石评梅　当然不是,也绝不应该是!读书是为了明智,是为了
　　　　让我们从过去糊里糊涂、随波逐流的生活中走出来。
　　　　珍儿,我们一起走吧,我们自己的人生应该由我们自
　　　　己来做主!

珍　儿　自主就一定幸福吗?

石评梅　自主未必幸福,但自主的人生是觉悟的人生。

珍　儿　北京那么远,又人生地不熟。元珠,别走了,你父母对
　　　　你那么好,他们还会害你吗?他们一定会给你找个好
　　　　人家的。

石评梅　好人家,好人家!珍儿,你怎么满脑子就是好人家?

你就把自己的一切都交代给了不可预测的好人家吗?

珍　儿　我觉得在平定城找个好人家,就真的满足了。

石评梅　(石评梅着急、激动)珍儿——珍儿——睁开眼睛看看
　　　　周围的世界,在北京、在南方,新文化运动、妇女解放、
　　　　女权运动已经是轰轰烈烈,可你,可你——

珍　儿　(气愤加激动,珍儿也放大了声音)外面再怎么闹腾,
　　　　日子还不是自己过了。

珍　儿　(珍儿语气转温和)元珠,别走了,留在平定,咱们姐妹
　　　　还能常常说说话。

石评梅　(石评梅依然激动)好人家、过日子的话我不会说,也
　　　　不屑于说!

珍　儿　(生气)你——

　　　　[隔壁院子传来惨呼哀泣的声音,还夹杂着辱骂声和
　　　　重物落在人身上的声音,大家全都又重新回到台上,
　　　　石母挽着袖张着两只面粉手,呈焦急状。

石　母　张妈,张妈,董二嫂又挨打了,快去看看怎么回事?

张　妈　(张妈在后台焦急地回答)这就去,这就去!

　　　　[大家均不言语,石父又回去继续看书,石母继续去弄
　　　　面,石评梅拉着嫂子问。

石评梅　嫂子,这是谁? 常常这样闹?

嫂　子　这些事情不稀罕,珠妹,你在学校里生活,自然看不
　　　　惯。其实家庭里的罪恶,像这样的多着呢。她是给咱

担水的董二的媳妇。

石　母　（石母回过头来接着说）她婆婆是有名的狠毒人，谁都
　　　　惹不起，耍牌输了回来，就要找媳妇撒气。董二是个
　　　　糊涂人，听上他妈的话就使劲地打媳妇！隔不了十几
　　　　天就要闹一场，可往常也没有今天的阵仗大呀！

　　　　[说完摇摇头，又继续去弄面。石父起身。

石　父　那董二就是给邻家担个水，打个零工，挣个糊口钱，也
　　　　没个本事，前天我还说过他不能这样对待自己的媳
　　　　妇，人倒还是个老实人。

石评梅　（石评梅气愤地走到父亲面前）老实？这样的人也能
　　　　叫老实？人和人之间有什么深仇大恨，要这样狠毒地
　　　　打人？

珍　儿　元珠，你整天讲妇女问题、妇女解放，你能拯救一下这
　　　　可怜的被人践踏毒打的女子吗？

石评梅　他这位婆婆，我们能说进话去吗？如果可以，我想请
　　　　她来咱家，我劝劝她，或许她会知道悔改！

　　　　[石母和嫂子同时开口，"不行"。

石　母　我们刚从省城回来时，我看不过，有一次叫张妈请她
　　　　婆婆过来，劝导她。当时她一点也不承认她虐待媳
　　　　妇，她反说了许多董二媳妇的坏话。

嫂　子　过后她和媳妇生气时，嘴里总要不干不净地把咱家捎
　　　　带进去，说妈妈给她媳妇撑腰，合谋要害死她。珠妹，

这样的人，你是说不明白的，将来有什么事或许还要赖人。

石　母　那个小媳妇，前几天还在舅母家洗过几天衣裳，看着很懂事的样子，怎么就摊上了这样的母夜叉婆婆和糊涂的丈夫？

石评梅　那她就没有反抗过？

石评梅　（转向父亲）父亲，为什么街长、县长就不去管管，为什么他们都视若罔睹、听若罔闻？

石　父　这——

石评梅　大概觉得女人本来就不值钱，女人给人做媳妇，更是命该倒霉受苦的！所以他们毫不干涉，看着这残忍狠毒的人们猖狂，看着这可怜微小的人们呻吟！

　　　　〔那边毒打和惨叫的声音更大了。

石评梅　父亲，我这次去北京求学，不仅是为了个人求得一技之长，我还要帮助唤醒更多的女子，为她们争得做人的权利、意识、尊严！

　　　　〔石评梅转向珍儿，珍儿低下头。

石　母　唤醒、帮助别人，你以为你是菩萨？女孩子读书，我不反对，中学毕业也就可以了，也就可以嫁个不错的人家了，山高路远的还要去什么北京？你以为你是天兵天将？

石　父　菩萨也好，天兵天将也好，剥了表皮都是一堆泥土，要救人的还必须是人自己！元珠，你能有这样的抱负，为父非常高兴！只是你一个人离开家，我和你母亲怎么说也还是舍不得啊！

[石父做哽咽状，嫂子扭头抹眼泪，石母有些抽泣，石评梅也有些伤感。隔壁院子一声长叫，随后声音渐弱，张妈脸色发青，气喘吁吁地上。

张　妈　气死我了，气死我了，要出事，要出事！

[大家围过来，看到张妈的样子，惊讶好奇地问："怎么了？"

张　妈　她那个婆婆一点道理都不讲，在外边输了钱，回头来反向她媳妇借钱，她说没有钱，又向她借东西。她说，陪嫁的一个柜两个箱，都在房里，不信可以自己去找。董二的妈觉得媳妇这是给自己难堪了，就挑唆董二打他媳妇！

张　妈　（张妈端起桌上的茶杯，猛灌一口后继续说）可巧董二今天在坡头村吃了喜酒回来，醉醺醺地听了他娘的话，不分青红皂白，把媳妇往死里打，还不让拉，越拉越来劲，她妈坐在边上还对我说三道四。我看今天要出事，要出事呀，阿弥陀佛！

嫂　子　（嫂子笑笑望着张妈）张妈！何必气成这样，你记住将来狗子娶了媳妇，你不要那么待她就积德了。

张　妈　少奶奶！阿弥陀佛！我可不敢，我还怕遭报应呢！谁

家里没有女儿呢？知道疼自己的女儿，就不疼别人的
女儿吗？

石　母　（石母故意气呼呼）天下只有疼女儿的父母，就怕没有
疼父母的女儿呀！

　　　　　〔张妈不解，嫂子起身拉着张妈往后走。

嫂　子　张妈，水开了，咱到后面蒸花糕！

张　妈　花糕？不过年不过节，为啥蒸花糕？

嫂　子　给珠妹路上做干粮。

张　妈　（张妈专门凑到石母身边，问）夫人，小姐要去哪里？

　　　　　〔嫂子化解尴尬地拉着张妈的袖子往外走，张妈、嫂子
下。

石　父　我，我去找本书……

　　　　　〔石父下。

石　母　珍儿，今天别走了，待会一起吃饭。

珍　儿　不了，婶子，我妈等我吃饭呢！

　　　　　〔珍儿往外走，石评梅送。

石评梅　珍儿，不要生我的气，刚才我确实是有些激动了。

珍　儿　怎么会呢？咱们从小一起长大，谁还不知道谁。

石评梅　珍儿，只要你想走，我就等你，不论什么时候！

珍　儿　（珍儿感动、哽咽，过来抱住石评梅）元珠，谢谢你，也
许我们就是两条路上的人。

石评梅　你，你，董二嫂的事你也看到了，你不怕——

珍　儿　（珍儿苦笑）怕！可又有什么用！我们做女人的——

石评梅　所以——

珍　儿　（珍儿打断）别说了，元珠！祝福你，也祝福我吧！珍
　　　　重！

　　　　[珍儿含泪下，石评梅低头伤感地回到屋里，母亲背着
　　　　身，石评梅往母亲跟前凑了凑，石母回转身，泪流满
　　　　面，把女儿揽在怀里，坐在炕沿。

石评梅　（石评梅呈哽咽状）妈，你哭了……

石　母　珠儿呀！我舍不得呀！

　　　　[石评梅往母亲怀里靠了靠，母亲把石评梅搂得更紧
　　　　了。

石　母　我再舍不得，但也知道拦不住你。去上学也好，将来
　　　　咱家也许能出个女状元，给妈妈长了颜面。

石评梅　妈，我想吃一碗用自己的心血苦力挣来的饭，我还想
　　　　唤醒更多的像董二嫂一样的姐妹去争得做人的权利。
　　　　我们女人也是人，绝不是男人的附庸，我们也有自己
　　　　的权利、自由和尊严。

　　　　[石评梅说着站了起来，石母依然坐着。

石　母　珠呀，你说的，妈不全懂，但帮助人总是做菩萨一样的
　　　　善事，肯定差不了！可你一个女孩子家，你才这么小
　　　　……

石　母　（石母哽咽，做量身高的手势）你从妈肚里出来，就没

有离开过妈的视线，吃饭、穿衣，今后谁替你操心？又
要上学，还要找房子、做饭，现在社会又这么乱，妈实
在是放心不下啊！

石评梅 （石评梅再次走到石母跟前）妈，我是您的孩子，您疼
我，担心我，可是如果我们的社会是公平良善的，我们
女子都是有自由独立地位的，那样的社会不仅你的女
儿安全，而且全天下的女子都会安全，全天下的父母
都会放心。

石　母 （石母嗔怒状）说不过你！天下的理都让你占了。

石评梅 （石评梅调皮）我说的是真理！

石　母 你是真理，我们都是家（假）里（理）！没有家哪有你？
你找你的理去，我们给你守着家！

石评梅 （石母不由露出微笑，石评梅撒娇）妈，你同意了？

石　母 争不过你的理！

　　　〔石母嗔怪，石评梅兴奋、不舍，和妈妈抱在一起。

石评梅 妈——妈，我也舍不得——

——幕落

第一幕和第二幕过渡

人物同序幕

老年男 只身去北京那年,评梅也只有 18 岁,闺女,是不是和你一样?

学生女 嗯!

学生男 和我们一样!在家时老想挣脱父母的管束,可一出门就想家!

学生女 爷爷,我有一点不明白:明明评梅在家有衣食无忧的生活,父亲也非常支持她的诗文爱好,她为啥还一定要去北京?

学生女 是呀,一百多年前的交通、通讯条件和现在可是不能比。

老年男 有人奋斗是为了让自己生活的更好,有人奋斗是为了别人生活的更好!

学生女 她希望打破过去男权社会里女子的附庸地位,成为一个能自食其力的女性!

学生男 她还想去唤醒当时更多的尚不觉悟的女同胞。

[老年男微笑着点头。

学生男 据说石评梅女士到北京后考取了北京女子高等师范

学校,诗文频频在各种进步刊物发表,成为有名的才女,真给咱阳泉人长脸。

学生女 是呀!她在女高师结识了一辈子的闺蜜庐隐、陆晶清,聆听了李大钊、鲁迅等进步人士的教诲,还加入了马克思学说研究会。

老年男 (老年男脸色变沉重,语气低沉)可青春的故事从来都不是一帆风顺的。她到北京后遇人不淑,初恋受骗,内心一直懊恼悲伤,甚至抱定了独身主义。她以为这种痛楚只有两个闺蜜知晓,殊不知,有一个人却一直默默关注并时刻想把她从这种烦闷中解脱出来。

学生男 (合)哦?那是谁?

学生女 (合)哦?那是谁?

老年男 高君宇!

第 二 幕

人物 石评梅

高君宇——北大学生,中国共产党早期活动家。

庐隐——石评梅的校友、闺蜜。

陆晶清——石评梅的校友、闺蜜。

罗章龙、黄绍谷、范鸿劼等马克思学说研究会的四五个青年。

地点　陶然亭慈悲庵准提殿北院陈愚生租赁的房子内

[在屋子内,已有范鸿劼等两三位青年在轻松地交谈,罗章龙、黄绍谷两人上,边走边说。

黄绍谷　章龙,这次踏青和聚会活动,听说咱马克思学说研究会筹划很久了。

罗章龙　是呀,主要是地点一直定不下来,最后还是高君宇提议到这陶然亭来,说这里是"红尘中的清净世界"。

　　　　[两人边说边进门。

黄绍谷　这是有人比我们还积极呀!

　　　　[屋内的人起身迎,大家互相热情问候。

范鸿劼　不能怨我们早,是有些人迟呀!

罗章龙　对,对,君宇怎么还没有来? 地方是他选的,他昨天还告诉我,今天一早就会来的。

范鸿劼　他去女师大接石评梅去了,估计一会儿就到了。

黄绍谷　石评梅也是咱们的会员?

罗章龙　没错,第一批,而且是第一位女会员。是高君宇介绍加入咱们研究会的。

黄绍谷　哦,石评梅女士可是一位才女呀,又写新诗,又写散文,最近,还写了一个剧本《这是谁的罪?》,在青年中很有反响。很是了不得呀!

罗章龙　嗯嗯,前几天她在亢慕义斋作的文学演讲也非常精彩!

范鸿劼　她和高君宇都是山西人。听说,石评梅的父亲还是高
　　　　君宇在太原读书时的老师呢!

罗章龙　怪不得,怪不得高君宇从苏俄回国后第二天就去看望
　　　　石评梅,哦……[几个年轻人互相扮个鬼脸,会意地笑
　　　　笑。高君宇和石评梅上。

高君宇　我来了,我来了,是不是有人在背后说我的坏话?

罗章龙　是高君宇来了。

　　　　[众人到门口迎接。

罗章龙　评梅女士光临,欢迎,欢迎!

石评梅　(石评梅略显羞涩)我是会员,理应参加活动,说光临
　　　　我可不敢当啊![罗章龙和众人笑。

高君宇　(故意埋怨)你怎么只欢迎评梅女士,不欢迎我呢?

罗章龙　你刚从欧洲回来,怎么忘记了欧洲人的礼仪是女士优
　　　　先!

高君宇　那优先完呢?

罗章龙　优先完——

　　　　[罗章龙和周围人使眼色,大家会意,把高君宇高高举
　　　　起,石评梅在一边边看边微笑。

高君宇　好了,好了。快放我下来。

范鸿劼　放你下来可以,你要好好地再给我们讲讲这次参加远
　　　　东大会的收获。

高君宇 行,行!

[众人笑着把高君宇放下,然后依次坐下来,石评梅也在高君宇旁边坐下。

高君宇 关于这次苏俄之行的详细考察报告,我正在撰写中。我感觉远东大会的决议和俄国以及远东各国革命运动的经验,对于我们成立不久的中国共产党来说具有十分重大的指导意义。

[众人认真聆听状。

石评梅 我也正好听听外面的世界!

高君宇 对,评梅,我们不能只沉浸在自己的世界中,还要看到外面更广阔的世界。

石评梅 (石评梅觉得高君宇好像话中有话,喃喃自语)自己的世界?外面的世界?

高君宇 从苏俄回国途中,我顺路考察了法国、德国等资本主义国家,这些国家的经济建设尽管目前比苏俄要强得多,但是我敢肯定地说,这些国家的社会制度已经是日暮途穷,而列宁领导下的红色苏俄则是旭日东升。我坚信马克思主义一定会在全世界取得最后的胜利!

[大家激动地鼓掌,石评梅满脸仰慕地看着高君宇,罗章龙推推出神发呆的石评梅。

罗章龙 评梅女士,评梅女士!

[石评梅不好意思地回过神来,羞赧地微笑。

罗章龙 评梅女士,前几天听了你在亢慕义斋所作的文学专题讲座,真是令人叫绝,陶然亭这里有许多历代文人墨客的题咏,石女士可不可以再给我们谈谈对于诗文的见解?

石评梅 (石评梅谦逊地微笑)像我这样才疏学浅的人,怎么敢在你们面前谈论诗文呢? 不过,我倒想好好欣赏一番这里的题咏碑刻。

高君宇 说实在的,陶然亭的景致算不上最好,但题咏中却有不少上乘之作,我看我们不妨到屋外,边找边品赏。

〔好。大家附和,移步到屋外。

石评梅 这地方倒是十分幽静、美丽,你们怎么会找到这里?

罗章龙 因为少年中国学会北京会员陈愚生先生以为夫人守墓的名义,在这里租赁了一处房子,环境清幽,所以大钊先生和我们就经常来这里。

〔众人三三两两边走边看,高君宇和石评梅、罗章龙一前一后。

高君宇 我喜欢这里,还有一个原因,就是这里留下了许多爱国志士的足迹。

罗章龙 我知道鸦片战争中的主战派代表人物林则徐就多次到此游览,并留下楹联墨迹。

范鸿劼 龚自珍曾在这里以诗明志。

黄绍谷 据说康有为、梁启超、谭嗣同等人曾在这里筹划过变法维新。

高君宇 不是据说，确有其事！在戊戌变法中牺牲的康广仁就安葬在这里；章太炎因反对袁世凯称帝也曾被囚禁在这里的龙泉寺……我每次游陶然亭，都会情不自禁地想起这些爱国志士。

罗章龙 你这是惺惺相惜，英雄爱英雄啊！

石评梅 （石评梅在一边认真听着，但却没有旁人的情绪激动，相反脸上却挂着忧郁）可惜——

黄绍谷 可惜什么？

石评梅 （语气有些悲伤）可惜在这么多的爱国志士中却没有一位女杰！

［众人面面相觑，看评梅又看高君宇。

罗章龙 绍谷，我们去那边看看董其昌亲笔书写的《金刚般若波罗蜜经》碑刻吧！

范鸿劫 我也去！

［众人下，只留下高君宇和石评梅，高君宇看石评梅不高兴，为避免尴尬，只好另选话题。

高君宇 我拜读了前几天你发表在《晨报副刊》上的剧本《这是谁的罪？》。

石评梅 （石评梅脸色稍微缓和）惭愧惭愧，很不成熟，这是女高师同学组织了游艺会，我两个晚上赶出来的，本没有想发表，后来同学们觉得剧本体裁的作品不多，而且反映了追求婚姻自由的新主题,所以就推荐发表了,可没有想到在社会上还是引起了不小的反响,邓拙园先生还专门写文章评论,实在是叫我惭愧。

高君宇　大可不必,我觉得艺术上也许还有瑕疵,但主题是反映现实斗争,这是很难得的。

石评梅　谢谢,我写这个爱情的悲剧,就是想呼吁我的姐妹们不要被旧的习惯势力弱化而成为封建礼教的牺牲品。

高君宇　(高君宇接过话,高昂地说)不仅是姐妹们!在和封建礼教斗争、摧毁这个旧的制度面前,应不论男女,我们所有的青年都应团结起来,创造新的世界。

石评梅　(石评梅的情绪显然被感染)不论男女?团结起来?创造新世界?

高君宇　(高君宇坚定、勇毅地看着石评梅)是的,创造新世界。

石评梅　可,可我们女子的烦闷更多一些。我们的姐妹还有很多很多的人,没有想到要学成一个专门的技能来靠自己的血汗挣得饱饭;我们的姐妹还有很多很多的人,被婆婆和丈夫无端地毒打虐待;我们的姐妹还有很多很多的人,无论是家庭还是政治甚至在爱情中都没有取得和男子一样的平等地位……可我却非但无能为力,甚至,甚至……我……

高君宇　你什么?

[石评梅想向高君宇倾诉自己感情生活的波折,但欲言又止。

石评梅　我,我也有说不出的悲哀……

高君宇　(高君宇以为石评梅只是为社会问题而烦闷)我也有烦闷悲哀,谁都有这样的悲哀和烦闷,为什么? 是因为这个世界使人有悲哀,这世界是必须要摧毁的,如果不这样,这样的悲哀就不会终了! 我,我们要担起改造这个世界的责任!

石评梅　我们?

高君宇　对,我们!

高君宇　都是悲哀者,如果因悲哀而失望,便走了消极不抵抗的路;被悲哀而激起,来完成你摧毁悲哀的事业,就成了奋斗的人!

石评梅　(石评梅被这高昂的斗志所鼓舞)我——我也行?

高君宇　当然可以,相信自己,你是很有力的,一切不满意将由你自己的力量击碎它! 长路漫漫,评梅,你是愿意受制于命运,还是愿意用自己的力量创造自己的世界?

[庐隐和陆晶清携手上,石评梅和高君宇都没有察觉。

庐　隐　我愿意创造自己的新世界! 哈哈——

[石评梅和高君宇吃惊、回头,看到她们两位之后,石评梅笑着迎上去,高君宇则有些尴尬地站在原地。

石评梅　怎么是你们两个呀?

庐　隐　（庐隐故意调侃，看看石评梅，又看看高君宇，用手比画）怎么可以是你们两个，怎么就不可以是我们两个？

石评梅　（石评梅觉得她们误解了两人的关系，有些羞涩）我是说，你们两个怎么找到这里来了？

庐　隐　这北京的公园还看是你俩还是我俩？

[石评梅羞红了脸，高君宇也有些手足无措，陆晶清满含仰慕的表情走过来。

陆晶清　梅姐，这位就是高先生？

石评梅　（石评梅从尴尬中走出来，赶紧介绍）你看，你看，让隐姐搅的，我都忘了介绍了……

石评梅　（石评梅拉过庐隐，故意用夸张的语气向高君宇介绍）这是女高师的著名才女庐隐女士！

高君宇　（高君宇礼貌地弯腰示意）久仰久仰！

庐　隐　（庐隐回礼，用手指向石评梅）哪里哪里，真正的才女在这里！

陆晶清　（陆晶清不等石评梅介绍，就主动上前自我介绍）我是陆晶清，是梅姐的小学妹，叫我小鹿好了，"梅花小鹿"的小鹿。

[众人听了都轻松地笑了起来，石评梅又介绍高君宇。

石评梅　北大才子高君宇，我的同乡！

庐　隐　只是同乡？

[庐隐调侃，陆晶清仰慕。

陆晶清　高先生可是"五四"运动的先驱,我们青年的榜样啊!

高君宇　不敢当,你们先聊,我去看看他们。

　　　　[高君宇对石评梅说,转身下,石评梅点头应允,然后转向庐隐和陆晶清。

石评梅　你们怎么也到这里了?

庐　隐　(庐隐继续开玩笑)许你来,就不许我们来啊。

陆晶清　(陆晶清走过来一本正经地说)梅姐,隐姐是来和你告别的,去学校找你没找到,听别人说你来了这里,我们就跟着找过来了。

石评梅　(石评梅疑惑)告别? 隐姐,怎么回事?

庐　隐　(庐隐拉过石评梅,坐到旁边的石凳上,郑重而又平静)我准备和郭梦良去上海举行结婚典礼,想听听你的意见!

石评梅　(石评梅有些吃惊)啊?! 那——那——你?

庐　隐　看把你急的。我已经和表哥解除婚约了,我发现我们根本就不是一路人。

石评梅　可,可你之前不是说郭梦良也有妻子?

庐　隐　他那是封建包办的婚姻,他们之间并没有真爱!

石评梅　那,那他的妻子怎么办?

庐　隐　我不管,我也管不了,我要维护真正的爱情,谁也阻挡不了我们的真爱。

庐　隐　(庐隐的情绪有些激动,一种奋不顾身的口气,越说越激动)梅,你不是一直主张婚姻自由吗? 你会支持我的,是不是? 梅! 现在谁也阻挡不了我们,我们很快就会南下上海结婚!

石评梅 (石评梅被庐隐的情绪感染,眼里含着泪,不由想起自己的处境)隐姐,我佩服你! 你是英雄,你胜利了,我真不如你!

陆晶清 (陆晶清天真地接过话头)梅姐,你怎么就不如隐姐了? 我看高先生很好的!

石评梅 (石评梅擦拭一下眼泪,回头对陆晶清)不要胡说,我们只是同乡!

庐　隐 梅,不要再欺骗自己了,你懂的,我们大家也都看得出来,高先生是真心的!

石评梅 (石评梅赶紧起身)不,不,高先生只是我思想的灯塔、行动的引路人,只,只,只是我的同乡大哥哥!

庐　隐 梅,为什么你每天宣传妇女解放,而你却不能把自己从过去的失误中解放出来?!

石评梅 (石评梅露出悲伤的神情)我和君宇,只能是冰雪友谊了!

陆晶清 (陆晶清呈着急状)为什么? 为什么? 难道就因为那个坏人骗了你,你就锁住自己所有的爱? 不结婚,不恋爱? 你应该爱你所爱,恨你所恨!

石评梅 (石评梅哽咽)我一生从来不会恨人,今后也再不会爱人了!

庐　隐　糊涂啊糊涂! 评梅,高君宇是个什么样的青年,我们
　　　　暂且不说。你不愿把爱情轻易交付给人,这无疑也是
　　　　对的,但这样轻易的决定,却是最大的荒唐!

陆晶清　梅姐,你拒绝真爱,不但得不到旧礼教的同情,即便是
　　　　那个可恶的坏人也会嘲笑你的懦弱!

石评梅　(石评梅泪如雨下,闭上双眼,低声)独身,我已抱定!

庐　隐　评梅——稍纵即逝的青春和爱情,你应该用全力去抓
　　　　住它,谁的人生没有弯路? 况且也不是你的错,你又
　　　　何必拿自己的青春去殉葬别人的错误呢?

陆晶清　梅姐,你该恨的,恨不起来,该爱的,不敢去爱! 这样,
　　　　你不但毁了自己,也毁了高先生!

　　　　[庐隐拉陆晶清的手,示意她话有些重,石评梅极度悲
　　　　伤。

石评梅　隐姐,小鹿,我有时觉得自己真的失败,以前还踌躇满
　　　　志地要去解放别人,可现在却发现连自己也快成了礼
　　　　教的牺牲品,而且还要辜负那个纯洁、高尚的人!

庐　隐　梅,不要总是烦闷伤感,要勇敢地从过去的悲伤中走
　　　　出来,不要因为烦闷低沉,淹没了你的才华。

陆晶清　是呀是呀,高先生刚才不是说相信你能用自己的力量
　　　　创造新的世界吗? 再说了,真正的爱情就是思想的靠
　　　　近、灵魂的吸引。

石评梅　　可,可他家里也还有妻子。

陆晶清　　他那也是包办婚姻,他们一天也没有在一起生活过,
　　　　　更不用谈感情了,而且我听说高先生已经写信给他的
　　　　　岳父,要求解除婚约。

石评梅　　可,可这不是因为我,这世上又多了一个可怜的人吗?

　　　　　[高君宇、罗章龙等人一起上。

黄绍谷　　哪里有棵(可)莲(怜)?我怎么看不到莲?

　　　　　[大家笑。

范鸿劼　　这才几月?哪来莲花?

罗章龙　　评梅女士还在这里啊,我们在湖畔找了半圈。

石评梅　　遇到两个朋友,说了一会儿话,这里的环境确实不错,
　　　　　真的可以说是"红尘中的清净世界"。

高君宇　　其实北京还有一处好去处。

陆晶清　　哪里?

高君宇　　西山,西山的秋天最美,漫山红叶,那才叫一个好看。

罗章龙　　只是不知那时我们有没有时间再来登山赏叶。

高君宇　　我一定要抽出时间去采一片红叶……

庐　隐　　满园秋色关不住,一片红叶寄相思。高先生这是要送
　　　　　谁呀?

　　　　　[高君宇面露窘色,众人善意地哄笑,石评梅羞涩,罗
　　　　　章龙打破尴尬。

罗章龙　　时间不早了,君宇送三位女士回家,我们各自回家,改

日再聚。

[众人下。庐隐拉了陆晶清的手。

庐　隐　我和小鹿有事，不同路，高先生送评梅吧！

[庐隐和陆晶清下。高君宇搓搓手，两人相向站立，同时开口。

高君宇　我——

石评梅　你——

高君宇　我送——

石评梅　你送——

高君宇　我送你——红叶。

石评梅　你送我——回去吧！

高君宇　哦——唉——好！

[两人欲言又止，同时对对方说。

高君宇　我——

石评梅　你——

罗章龙　（罗章龙急急忙忙返回）尚德兄，忘了告诉你，大钊先生让你晚上去找他，商量回山西的事，一定记住啊！

高君宇　记住了！

[罗章龙下。

石评梅　又要开始忙了！

高君宇　评梅，我，我知道我这样说会很唐突，但我必须告诉你：我已将一个心全都交给了你，你之所愿，我将赴汤蹈火去求之,你所不愿,我将赴汤蹈火以阻之。

石评梅　君宇,不要——我们可以是以事业度过一生的同志。

高君宇　评梅,你知道我是南北飘零,日日生活在风波之中,我
　　　　是有两个世界的:一个世界一切都是属于你,连灵魂
　　　　都是永禁的俘虏;在另一个世界里,我是不属于你,更
　　　　不属于自己,我只是历史使命的走卒。

石评梅　不属于自己?另一个世界?历史使命的走卒?

高君宇　对,从未有过的新世界!没有悲哀,没有剥削,没有压
　　　　迫的新世界!

石评梅　庐隐也要去创造她的新世界,她不管别人的眼光和闲
　　　　话,解除了婚约,要和自己心爱的人去追求真爱,她真
　　　　勇敢,我——不如她。

高君宇　是吗?那很好!只是——

石评梅　只是什么?你不看好?

高君宇　没有没有,我只是担心,在强大的礼教和腐朽的制度
　　　　面前,个人的奋不顾身,有时就如同在漆黑的深夜擦
　　　　亮一根火柴,终不免——

石评梅　那,那我们应该?

高君宇　彻底摧毁这个黑暗的世界,让阳光温暖每一个角落。
　　　　听说你参加了"女高师第二组国内旅行团",要南下旅
　　　　游?

石评梅　嗯,都是同学,大约走二十天!

高君宇　这是个很好的事情，走出自己封闭的世界，去看看我们这个真实的社会，烦闷、苦恼的不只是个人，只有建立新世界，才能让大众不再悲苦、烦闷！

石评梅　大众？那我也可以？也可以去建设这样的新世界？

高君宇　一定！必须！

　　　　　我们共产党就是为劳苦大众谋幸福的，当然也包括你。

　　　　　新世界的建设需要你、我、他，每一个不想再烦闷悲哀下去的人！

石评梅　（石评梅被鼓舞，坚定高亢地说）那，那我也要进入你的另一个世界！

——幕落

第二幕与第三幕过渡

人物同序幕

学生女　令人美慕的才子配佳人！

学生男　可故事却不是书生和小姐的平常故事。"真正的爱情是思想的靠近、灵魂的吸引"，这是对他们这段感情最好的诠释。

学生女　可，可评梅为什么一直不能从过去走出来，坦然接受这份爱呢？

老年男 因为她也是人，也只是一个二十刚出头的青年，也会迷茫、彷徨和犹豫。

只是——

学生男 （合）只是什么？

学生女 （合）只是什么？

老年男 只是老天总爱捉弄人啊！高君宇积劳成疾，生病去世了——

学生男 （合）啊?!

学生女 （合）啊?!

[打雷声起，悲伤的背景音乐，追光暗。

[画外音

高君宇 评梅！昨天是我们去游陶然亭的日子，也是我们历史上值得纪念的日子。我们的历史一半写于荒斋，一半写于医院，我希望将来便完成在这里。评梅！你不要忘记我的嘱托，并将一切经过永远记在心里。

[画外音 配乐

石评梅 君宇！你太忍心了，也太残酷了，你最后赐给我这样悲惨的景象，深印在我柔弱嫩小的心上。君宇！你为什么不流血沙场而死？你为什么不瘐毙狱中而死？却偏要含笑陈尸在梅花丛中，任刺针透进了你的心，任鲜血掩埋了你的身。站在你尸前哀悼痛哭你，不是全国的民众，却是一个别有怀抱、负你深爱的人。君宇！你不追悔吗？为了一个幻梦的追逐捕获，你遗弃不顾那另一个世界的建设毁灭，轻轻地将生命迅速地结束，在你事业尚未成功的时候。到如今，我抱恨怕我纵有千点泪，也抵不了你一滴血，我用什么才能学识来完成你未竟的事业呢！

〔追光亮，重新打在老年男和学生身上。

学生女 太突然、太可怜了，评梅的命运为什么这么不幸？

学生男 是呀，上次初恋受骗造成的悲伤还没有完全消融，这次——这次会不会彻底迷茫和消沉？

老年男 孩子，问得好！这也是我为什么不屑于别人称评梅为"风流才女"，而要做这守魂人的原因。

学生女 为什么？

老年男 他们只热衷于评梅的感情故事，而没有看到评梅的思想灵魂的成长！

学生女 思想灵魂的成长？

〔追光暗，画外音。

石评梅 我相信你的灵魂，你的永远不死的心，你的在我心里永存的生命，是能鼓励我，指示我，安慰我。我不感伤一切既往，我是深谢着你是我生命的盾牌，你是我灵魂的主宰。你的另一世界，将是我未来的灯塔和方向，我如今是愿挑上这副担子走向遥远的黑暗的荆棘丛生的生到死的道上。一头挑着已有的收获，一头挑着未来的耕耘，这样一步步走向无穷的。

[追光亮。

老年男 君宇的去世固然给评梅造成无限的悲痛，但评梅没有陷入苦痛的深渊无法自拔，而是用实际行动去创造君宇所要建设的另一个世界。

学生女 爷爷，为什么同样是感情受挫，评梅的表现却差别这么大？

老年男 因为高君宇，因为马克思主义，因为信仰！

[灯光灭，第三幕开。

第三幕

人物 石评梅

张琼淑——石评梅的校友，一起编发《妇女周刊》，亲身经历了"女师大风潮"。

杨玉薇等女师大的护校学生——北京女高师的学生。

吴能及其随从——教育部官员，来补习科劝说学生。

地点 报子街补习科

[杨玉薇和石评梅及四五个学生上，焦急、气喘吁吁。

杨玉薇 评梅，就这里，报子街补习科。

石评梅 确定?

杨玉薇 确定! 我刚才是一路跟着从咱们学校拉走琼淑和韵的汽车过来的,亲眼见汽车开进了这里!

同 学 门锁着!

石评梅 敲门!

[众人一起敲门,并呼喊里面同学的名字,吴能带着随从上。

随 从 你们是干什么的?

[众人停止敲门,围住吴能等人。

杨玉薇 我们都是女师大的学生,来看我们的同学,里面不让进。

吴 能 (吴能环视这些学生,轻蔑地说)学生? 有个学生的样子吗? 好好的女孩子,怎么都像暴徒一样!

[吴能示意随从去叫门,学生气愤地把吴能围在中间,石评梅站在最前面用手挡住往前冲的同学,尽量克制,用平静的语气说话。

石评梅 先生,您是?

吴 能 我是教育部派来的——吴能!

杨玉薇 教育部派来的奸细,是来打探消息的。

[有人喊"门开了",大家顾不得和吴能争论,一股脑冲进大门,吴能也和随从来到院子里。院子里十几个被毒打后抓来的女学生披头散发、鼻青脸肿,满身血污,

有的躺在地上痛苦地呻吟。学生们进来后喊着自己同学的名字，在寻找。

石评梅　琼淑——

杨玉薇　韵——　林卓风——

　　[张琼淑等人听到熟悉的声音，稍微振作了一下精神，听出石评梅的声音，哭泣着扑在石评梅怀里。

张琼淑　梅姐——梅姐——

石评梅　你们受苦了，别哭，别哭，我们来了。吃饭了吗？

张琼淑　没有！今天刘百昭带着打手、流氓、军警、女丐、老妈，有二百多人，乘二十多辆汽车，来到女师大，企图武装占校，我们自然不同意，他们就从小门进来，一面拖人打人，一面跑到寝室抢东西，四个蛮横的女丐，两个强悍的男仆，把我从小门拖出来，在门口，我看到你，我就哭叫，可他们还是把我拖上了汽车，一直拉到这里！

石评梅　那铺盖、行李呢？

张琼淑　他们只管打人、抢东西，哪还管什么铺盖和行李？这里已经好久没有人了，看这破烂的窗户，看这桌上的灰尘和墙上的蜘蛛网，简直就是荒冢古墓！

石评梅　玉薇，你带两个同学回去，给大家弄点热水和吃的东西。哦，再找几件衣服，看看这衣服——

杨玉薇　好，我马上去！

　　[杨玉薇带两个同学下，突然有人喊"死人了，死人

了"，大家纷纷围到地下躺着的同学前，吴能和随从也围过来。

张琼淑　桂生——李桂生——

［大家哭，石评梅拨开大家，来到吴能面前。

石评梅　吴先生，你刚才说"暴徒"，谁是暴徒？你们教育部的这种行径才是真正的暴徒！面对柔弱的女学生，你们竟然下如此毒手！

「学生们气愤地叫嚷："暴徒""卑鄙""可耻"。

吴　能　同学们，诸位同学！我个人也是不赞成刘百昭他们这样对待女学生的！

学生们　教育部派你来干什么？是不是当密探，刺探学生消息？说！

石评梅　不要光说漂亮话，现在人命关天，如果吴先生还有点恻隐之心，该不该承担救护的责任？

吴　能　该，该，该！

石评梅　那好，马上用你的车子，把她送到医院抢救！

吴　能　这，这，把人从这里拉出去，我实在是不敢，要不，我派人去请个医生来？

［同学们骂："奸细"、"走狗"，石评梅示意大家不要骂了，语含嘲讽地说。

石评梅　那麻烦吴先生了！

［吴能叫过随从来，耳语几句，随从下。张琼淑放下李

桂生,站起来走到石评梅身边。

张琼淑　军警打我们的时候,桂生今天就受了三次伤,听人说,头部也受伤了,下车的时候,她已经晕过去了,是由两个流氓拖进来扔在地上的。又冷又饿,还在流血……我真不知道——

　　　　　〔张琼淑哭着转向石评梅的怀抱。

吴　能　学生就好好听话上学,怎么和流氓、军警搅和到一起了?

石评梅　(石评梅愤怒) 你怎么能颠倒黑白? 是她们不想好好上学? 是她们马上就没有学上了!

张琼淑　梅姐,自从报上登载章士钊、刘百昭等人要雇人强拖女生出校的消息后,我们就轮流守夜、封锁校门,做好了与学校共存亡的准备。可,等来的是什么? 等来的是女子大学筹备处的校牌,等来的是二百多名流氓、军警、女丐,等来的野蛮的拖拉、鞭打、抢夺!

石评梅　听到了吗? 吴先生——你家没有姐妹儿女? 这些孩子谁在家里不是父母娇惯的? 谁受过这样的气? 谁受过这样的打?

　　　　　〔医生来,救治躺在地上的李桂生。

吴　能　所以,我劝你们——我看你比他们大,你也是学生?

石评梅　我是女师大的毕业生。女师大是我的娘家。

吴　能　那你跟着掺和什么?

石评梅 掺和？我虽是"嫁出去的姑娘"了,但娘家被糟蹋成这个样子,眼看就保不住了,你说我该不该管？更何况,任何一个有是非良心的人,看到堂堂教育部居然武装驱逐学生,都不会无动于衷的!

吴 能 所以,我劝你们——不,我劝你,你劝劝她们,不要吃这个亏、受这个罪了,女孩子嘛,干点女孩子的事!

张琼淑 那你怎么不回去劝劝你的官老爷,让他们讲点道理!

石评梅 （石评梅强压怒火）我倒想听听吴先生的高见,啥是女孩子该干的事？

吴 能 洗衣做饭、相夫教子,还有——

石评梅 还有什么？

吴 能 还有你们这些条件好的小姐,也可以读点诗文,装点装点门面,千万不要——

石评梅 千万不要什么？

吴 能 千万不要出头露面,参与到这政治中来,你看——

石评梅 （石评梅终于遏制不住怒火）够了,收起你那一套虚伪的嘴脸!为什么女人就不能参与政治？为什么女人就不能具有和男人一样平等的地位？

吴 能 可以有,但那——

石评梅 但那只是嘴上说说,是不是？你们是不会把女性该有的权利慷慨送还的,是不是？

吴 能 那你们这些学生也不能顶撞校长,不该不听从教育部的管理,还和管理人员厮打!

石评梅　污蔑!赤裸裸的污蔑!先有杨荫榆排斥异己,压迫学生,胡乱支配学校经费,才德不足以服人,才有学生赴教育部请愿要求撤换校长;先有杨荫榆借故开除学生代表,逼迫学生离校,又有"名邦大学,负笈分池"的章教长示意让武装占校,才有这些柔弱的女孩子以身护校。你们现在反倒要怪怨学生,是非何在?公理何在?

张琼淑　梅姐,他就是奸细,走狗!

　　　　〔有人喊:"醒过来了,醒过来了。"

医　生　病人伤得很重,还需要送医院进一步救治,否则——

石评梅　吴先生,现在——

吴　能　这我真无能,我请示上司——你再劝劝同学们!

　　　　〔学生喊:"快滚,奸细、走狗。"

石评梅　我会劝,我会劝她们用斗争去争取自己的权利,直到全部!

吴　能　你——唉——!

　　　　〔吴能、随从和医生下,杨玉薇和两个同学带吃的和衣服上,分发食物和衣服给张琼淑等人,张琼淑把衣服披在身上,来到石评梅面前。

张琼淑　梅姐,你说我们的学校能保住吗?

石评梅　琼淑,你们的努力大家都看得见,听说鲁迅先生、许寿裳先生等一些教授准备在宗帽胡同租赁教室,恢复授课,支持你们向政府讨个说法!

张琼淑　真的?我看到很多老师都被拉到太平湖饭店了,我以为——

石评梅　放心,我们二万万女人绝不能屈服在章士钊和杨荫榆的淫威之下,任其宰割!我们四万万中国同胞也不会听任章、杨二人,停办了我女界唯一的高等学府。

杨玉薇　我们女子奋斗了这么多年,现实却依然如此,无公理、无是非,只有野蛮的武力!

石评梅　从前是很纯粹而且较为简单的校长问题,现在已经成了我们女界的人格问题,教育问题,解放问题,女权问题。再大言之是中国教育界的问题,教育影响国家,便是中国存亡的问题——

张琼淑　(张琼淑把食物递给石评梅)梅姐,你也吃一点吧。你也要保重啊!自从高先生去世后,我一直担心你!

杨玉薇　梅姐今日又去陶然亭了?

张琼淑　(张琼淑呈担忧状)梅姐——

石评梅　(石评梅拉着张琼淑的手,平缓地说)我没事,自从君宇死后,我便认识了自己,更深地了解自己,我已不是从前呜咽哀号、颓丧消沉的我,我要扬着他爱的红旗,站在高峰上招展。我虽不能接续君宇的工作去做,但我也要努力创造一番事业……

［其他二人听后也颇有些振奋。

张琼淑　对呀,对呀! 我们也要有一番自己的事业。可惜——

石评梅　可惜什么?

张琼淑　咱们呕心沥血的《妇女周刊》,数千份的存根,从一到三十五全都遗失了。自三十期起,我因为忙女师大的事,没有给读者寄出去,也不翼而飞了!

杨玉薇　杨荫榆真是罪状难数了!

张琼淑　梅姐,你回来了,小鹿不久也就回来了,咱们《妇女周刊》筹划一个周年特刊怎么样? 梅姐,还是你牵头来组稿怎么样?

石评梅　(石评梅高兴状) 好呀好呀,虽然我们的力量薄弱,但对于女权的努力,毕竟是一件值得纪念的事,也许能唤起更多人对女权斗争的关注。

［周围有同学围过来。

杨玉薇　是的,梅姐的《创刊词》和《致全国姐妹们的第二封信——请各地女同胞选举代表参加国民会议》在女界都很有影响力。

同学1　嗯,那篇《旧事重提的妇女参政问题》更是一针见血地指出了当前妇女参政运动的严重问题——说空话。

张琼淑　对,我还记得那句话:鼓动妇女参政的妇女们,除了一天到晚嚷嚷"妇女参政""妇女参政"外,谁又曾想到另一个方面"怎么打破男女的不平等规定"呢?

石评梅 其实，当下还有一个最被忽视的问题是，有人把妇女参政当作个别人的事情，妇女参政运动绝不是一两个人和少数人就能成功的，即使成功，也只是局部的成功，对于全体姐妹没有多大关系。

张琼淑 是的，就拿我们《妇女周刊》来说，都快五十期了，外面投稿的不到二十位，而且多半是男子，写稿的，除了咱们三个，大概只有庐隐、小鹿、慧心。即使是读者来信，女子也寥寥无几。

杨玉薇 我们也曾发信到各省女校，征集该地的妇女运动消息和妇女生活状况，至今也没有见到一个字。

石评梅 不得不说，我们的努力还没有成功。我们是在北京繁华的社会里娇养着，乡村妇女的苦况，看不见也听不到，既感不出切肤的痛苦，纸上高谈也是隔靴搔痒。

同学2 所以有人讲《妇女周刊》是花园派、小姐式的刊物，虽然让人心痛，可反过来看，人家说的也是有道理的。

石评梅 所以，我们的女权斗争、妇女解放绝不是一蹴而就的，我们更要关注被压迫、被忽视的大多数妇女。还记得我之前和你们说过的我家乡的邻居董二嫂吗？常常无端遭受婆婆和丈夫的虐待，这次回家，我听说董二嫂死了，我连哀婉的泣声都听不到了！我感觉到自己力量太微小了，我之前是怨恨她狠毒的婆婆和糊涂的丈夫，现在我怨恨自己，怨恨自己未曾指导救护过这个没人替她发声的姐妹。

张琼淑 梅姐，你一直跟我们说的珍儿，后来怎么样了？

石评梅 说起来都是泪。珍儿还和我一起在太原上过学，可满心只想着"嫁个好人家"，最终还是由父母做主嫁给一个比她大十几岁的人做姨太太，她是完全毁在了旧礼教、旧制度的手里！

杨玉薇 现在的法律本来就不是为女子定的，是为了保障男子的强暴兽行而设立的。

石评梅 我之前觉得是这些姐妹没有觉醒，没有意识到要去争取自己的权利，要去反抗，甘愿当男人的附庸，于是我想用文学、用教育去唤醒她们。

同学 1 还要让她们学得一门实用技能，能在这个社会自己养活自己。

石评梅 对！现在大家都明白了这个道理，唯有这样才能给二万万姐妹争得幸福。可为什么，为什么我们的姐妹依然在水深火热中？

〔大家不解状。

石评梅 因为在男性占主导地位的社会制度中，女性是无法真正获得解放的。唯有摧毁这一切不合理的制度，才能再造一个真正男女平等的新世界。

杨玉薇 对，用斗争去争回我们女子的权利。

石评梅 我们讲女权，不只是我们这些女先生、女学生，更有那些被欺凌的没法出声的姐妹。我们要斗争！尽管我们力量薄弱，但我们不斗争，那些受苦难的姐妹就更深落到十八层地狱下永不能再睹天日了！

张琼淑 梅姐，天不早了，你们先回去吧！

石评梅 那也好，我们回去再准备点东西，明天先去看看学校的情况，再来看你们。

石评梅 （石评梅哽咽）保重，我的好姐妹！

杨玉薇 明天见，照顾好桂生！

〔舞台灯暗，追光打在石评梅、杨玉薇等人身上。

杨玉薇 梅姐，你还是放不下高先生……

石评梅 君宇临终还问我：评梅，你的泪什么时候流完。我知道他遗憾的不是他的死，而是我的泪。现在我已经更清楚地认识到我自己了。他活着的时候，我不能给他爱的世界，那现在我只能追随着他的另一个世界，去完成他未竟的事业！

张琼淑 梅姐，你落下的书，接着——

杨玉薇 （杨玉薇没有接稳，弯腰收拾，看到君宇的照片和红叶，读照片后面的字。）我是宝剑，我是火花，我愿生如闪电之耀亮，我愿死如彗星之迅急！

石评梅 （评梅拿着红叶）君宇，我是沉默深刻、容忍涵蓄一切人间的哀痛，而努力去寻求生命的真正的战士，我一头挑着已有的收获，一头挑着未来的耕耘，这样一步一步走向我们的"另一个世界"！

[杨玉薇靠过来，两人在一起，目光向远方。

——幕落

第三幕和第四幕过渡

人物同序幕

学生男 以前只听妇女解放、女权斗争，却没有想到有这么多的内容和波折。

学生女 评梅心中的妇女参政绝不是少数太太、小姐们的装点门面的事。

学生女 她更关注被压迫、被忽视的大多数。

老年男 由于马克思主义思想的影响，她已经意识到只有摧毁一切不合理的旧制度，才能再造真正男女平等的新世界！这些又怎能是"风流才女"能概括的！

学生女 不听您讲，我们真的是把评梅看简单了。

老年男 很欣慰，还有你们这些年轻人愿意听下去。

学生男 有的人在挫折面前沉沦，评梅却是在苦痛面前更加成熟和坚定。

学生女 我们真的该思考爷爷刚才所说的"梅魂"的"魂"究竟是什么！

老年男 你们能这样想，这样问，我就没有白守这几十年的小院。

学生男 一个和我们一样大的青年，却把二万万女同胞装在心中，把改造这个社会的重任担在肩上。

老年男 而且当时的社会环境还十分凶险！

[追光暗，画外音

1926年3月18日，在李大钊等人的领导下，北京学生5000余人在天安门前集会，通过反对八国最后通牒、驱逐帝国主义公使等决议，会后游行并到段祺瑞政府请愿。当群众行至段祺瑞执政府门前广场后，执政府内人员竟下令军警开枪，对群众进行血腥镇压，当场打死47人，打伤150余人，刘和珍和杨德群等数名女师大学生牺牲，陆晶清受伤。1927年"四一二"反革命政变爆发，蒋介石下令大肆捕杀共产党人和革命群众，李大钊在北京被杀害，同时遇难的还有范鸿劼等19人，革命陷入白色恐怖之中。

第四幕

人物 石评梅——被电车撞倒受伤，在家养病。

陆晶清——"三一八惨案"中受伤，一度低沉，后受石评梅的鼓励和帮助，准备南下继续革命。

漱　玉——评梅的好友，一直照顾受伤的评梅。

蔚　然——评梅的同学，之前热衷革命，后沉醉于个人的
物质享受，口头禅是："你晓得哇！"

军警甲乙两人

地点　石评梅住处——梅窠

[石评梅、陆晶清、漱玉三人三角站立，舞台灯暗，追光
随声音依次交替。

石评梅　狂风怒卷着滚滚黄尘如惊涛汹涌，朝阳隐藏于天地只
剩下苍黑之云；一阵腥风吹开了地狱紧闭的铁门，断
头台畔僵卧着无数惨白的尸身。

陆晶清　黑暗的宇宙像坟墓般阴森而寂静，夜的帷幕下死神拖
曳着长裙飘动；英雄啊是否有热血在你心头如焚，醒
来醒来呼唤着数千年古旧残梦。

漱　玉　红灯熄了希望之星陨坠于苍海中，瞭望着闪烁的火花
沉在海心飞迸；滚烫的鲜血已沐浴千万人的灵魂，烧
不尽斩不断你墓头的芳草如茵。

石评梅　胜利之惨笑敌不住那无言的哀悼，是叛徒是英雄历史
自有公道！死并不能让你的精神云散烟消，你永在人
的心头上又何须招魂迢迢？

[舞台灯逐渐亮起。

陆晶清　梅姐，我常常闭上眼睛就是和珍，就是你扶我去最后告别和珍那天的情景。

漱　玉　那天风雪交加，和珍的棺材从泥泞的道路抬进女师大，多少同学都哭声震天地迎着到了大礼堂。

石评梅　惨淡庄严的礼堂里供满了鲜花，挂满了挽联，充满了冷森，充满了凄伤，充满了同情，充满了激昂！

陆晶清　我是跟着活泼欢笑的和珍一起出去的，但没有想到，我们却是迎着触目惊心的被虐杀的血尸回来。

石评梅　她的血虽然冷了，却温暖了我们的热血；她的尸虽然僵了，但却铸坚了我们的意志。

陆晶清　梅姐，我还记得在回来的路上，你和我说的话，"最懦弱最可怜的是那些只能流泪，而不敢流血的人们"。回来后，我逐渐明白了——眼泪阻止不了杀戮，屠杀也改变不了信念。只有将残余的生命追随和珍他们的英魂才是对他们最好的纪念。

［舞台灯逐渐大亮，三人走在一起。

石评梅　好妹妹！这次去南方工作，就是接过和珍赠予我们的火把，去完成她的志愿，洗涤她的怨恨，创造未来的光明。晶清，一定要相信，假如我们也倒了，还有我们未来的朋友们！

漱　玉　可是，总有人，总有人——那天和珍的棺材、血衣经过他们面前时,他们一面瞧热闹,一面悄悄低声地说"活该"! 他们还说:"女学生起什么哄,请什么愿,亡国有什么相干? "真是气死人,气死人了!

陆晶清　我们斗争、运动也不是希望别人喝彩和鼓掌,是因为我们愿意,我们信!

石评梅　晶清,你成熟了,说得太好了。革命不是凑热闹、赶时髦,是因为我们相信,是我们愿意为我们心中的世界而献出我们的所有。

陆晶清　梅姐,这次去南方多亏你帮忙,可能会到何香凝女士身边工作。对了,我还准备给何女士带个小礼物,我去准备一下,等会回来!

　　　　[陆晶清蹦蹦跳跳下,石评梅和漱玉笑着摇摇头。

　　　　[屋外有人嘈杂,衣着华丽的蔚然带着随从拎着礼物叫嚷着上,高跟鞋撞击着地面。

蔚　然　评梅——评梅——石评梅是住这里吗?

　　　　[石评梅示意漱玉,漱玉出门迎上去。

漱　玉　您好,太太,请问——

蔚　然　(蔚然打量漱玉,不屑地反问) 太太? 谁是太太? 你晓得哇,这是我的名片——

漱　玉　(漱玉接过名片,故意大声说)胡张——蔚然—— 日本人啊?!

　　　　[石评梅在屋内听到这个名字,马上坐正,用手捋了捋

自己的头发,硬撑着站起来,往外走。

蔚　然　你,你见过日本人吗?

［蔚然表现出对日本人的向往、仰慕。

漱　玉　没有! 我见过正儿八经的格格!

蔚　然　你——

　　　　呀——评梅! 评梅!

［蔚然被漱玉呛了一下,看到石评梅扶墙出门,赶紧打
招呼。

石评梅　蔚然姐! 果然是你呀!

石评梅　(石评梅很高兴的样子,漱玉赶紧过来搀扶,石评梅对
漱玉介绍)漱玉,这可是我们妇女运动的前辈,几年
前就是我们女界的伟人了。 快回屋,快回屋。

［漱玉怀疑地再看来人,没有作声。蔚然迎着漱玉的
目光,露出轻蔑的神态,并带着嫌弃的神情边往里走,
边看,大家落座,漱玉扶石评梅坐好后,明显不想和来
人待在一起,起身。

漱　玉　梅,你们坐,我出去买点水果。

石评梅　好的,不用买菜了,中午和蔚然姐一起去外面吃。

［漱玉示意石评梅的身体,石评梅微笑着摇摇头。

漱　玉　你——

　　　　好吧——

蔚　然　(蔚然收回自己四下打量的目光,收起了自己鄙夷的

神情,"热情"地说)不用不用,你晓得哇——

[漱玉不客气地从她面前走过,打断她的话,蔚然一惊,漱玉已经出了门,下。

蔚　然　(蔚然很不高兴,恶狠狠地对着石评梅嚼耳根)你晓得哇,这个佣人很坏的,她——

石评梅　(石评梅微笑着解释)她不是佣人,她是我的朋友。

蔚　然　(蔚然很尴尬,但依然不满意)朋友也不是好朋友! 你晓得哇——你居然没有佣人?

蔚　然　(蔚然好像想起了什么,然后又往四周和石评梅身上瞅)怎么可以没有佣人? 你晓得哇,时间是很宝贵的,人生是很短暂的,你晓得哇,我们是有很多大事要做的,你晓得哇! 女人可是不能苦了自己,你晓得哇。

石评梅　(石评梅感觉有些话不投机)我不苦,不需要佣人。

蔚　然　(蔚然显然没有注意到石评梅的变化,依然口若悬河)还不苦,看看你这房子,看看你这衣服,你晓得哇,不觉悟,这就是中国妇女的不觉悟,你晓得哇!

石评梅　(石评梅忽然感觉好像做错了什么事似的)蔚然姐,我们从学校分离后就没有再见面,听同学们说,你在南方做了很多实在的工作,这次来可要好好指导指导我们!

蔚　然　(蔚然骄傲又不屑一顾地抿嘴微笑)工作? 什么工作? 请愿,发传单,示威? 现在想起来还好笑呢! 你晓得哇！

［石评梅愕然。

蔚　然　你不用吃惊，你晓得哇，自从我和衡如结婚后，我早就不做什么工作了，你晓得哇！一半是灰心，一半是懒惰，你晓得哇，大概也是环境的缘故吧！

石评梅　衡如不也是革命家吗？你和他结婚了？

蔚　然　是呀，你晓得哇！衡如有能力使我过这种轻松富足的生活，我又何必出去呼号奔走！你晓得哇，一个人最终的目的，不就是实现自己的如意世界，使自己的生活幸福美满嘛！你晓得哇，我现在就实现了，干啥还要工作！

石评梅　这不是当初我们要一起打倒的把女人当作附庸的"花瓶"生活吗？

蔚　然　评梅，活得好才是好生活，你晓得哇，不要那么幼稚。你晓得哇——

［"梅姐，梅姐"，蔚然的话被外面陆晶清的叫声打断，陆晶清上。

陆晶清　梅姐，我都准备好了！你——

［陆晶清进门看见有人，把话打住，看着眼前珠光宝气、雍容端丽的蔚然，蔚然也打量陆晶清，没等石评梅介绍，蔚然先热情地过来拉住陆晶清的手。

蔚　然　好标致的妹妹，有没有人家？要不要我介绍一个？你晓得哇,我手头……

[石评梅微笑,陆晶清害羞地回头看石评梅。

石评梅 蔚然姐,人家有男朋友!小鹿,这是蔚然姐,是—— 曾
是我们妇女运动的前辈。这是小鹿,也正准备去南方
工作!

蔚 然 (蔚然故意压低声音,恐慌地说,陆晶清很疑惑地看着
眼前这位先驱)去南方?去南方干什么?你晓得哇,
现在南方乱死了,蒋介石下令抓了好多共产党人,你
晓得哇,很多咱们之前熟悉的人都没有了消息。

蔚 然 你晓得哇,不用管什么主义,什么党,自己过上好日子
才是硬道理。

石评梅 自己?

蔚 然 对呀,你晓得哇,我现在有的是钱,什么享受的愿望都
可以达到。你晓得哇,在社会上有名誉、有地位,物质
的享受,我没有什么不满意的;你晓得哇,精神方面,
衡如自从和他的妻子离散后,对我的感情是非常忠诚
专一的;你晓得哇,假使他有什么变化,我也不愁没有
情人来安慰我,你晓得哇——

蔚 然 (蔚然向石评梅和陆晶清挤挤眼睛)你晓得哇,现在我
喜欢热闹,就到上海向那纸醉金迷的洋场求穷奢极欲
的好梦;喜欢幽静时,找一两个闲散的朋友到西湖去,
你晓得哇——

石评梅 （石评梅正色站起来）蔚然姐，当初咱们一起搞妇女运动，难道就是为了你现在所说的这一切！

蔚　然 （蔚然收起了刚才炫耀陶醉的神情）评梅，我知道你一定笑我不长进，可是看着姐妹们流过的血，听着每天抓人的警报，你晓得哇——

石评梅 亏你还记得姐妹们流的血！

蔚　然 评梅，你不要这样死脑子了！你晓得哇，不论挂什么样的招牌，结果都是生活的问题。今天到这里了才知道你还是保持着旧日那孤傲静默的生活，你真有耐心，这么多年用粉笔灰撑着半饱的肚子，你晓得哇，要是我，早想别的办法了。不过，这样沉默的生活也有好处，不声不响的，你晓得哇，你就是掀天摇地翻山倒海地弄一通，结果也还是一样，你晓得哇。

石评梅 蔚然姐，你从哪里学来的这套人生哲学，之前斗志昂扬的蔚然哪里去了？

蔚　然 我不知道这是什么哲学，但我觉得只有这样才是我想要的生活，你晓得哇，我只要手里有钱，宇宙万物都任我摆布，你晓得哇！

石评梅 （石评梅有些不想和她争执下去）这些——我真不——晓得！

蔚　然 说正事，说正事——你晓得哇，今天大老远来找你，是衡如有个孩子，想考学校，看看你有没有熟悉的关系，找找熟人,你晓得哇,钱不是事!

石评梅　好的,我想想吧!

蔚　然　(蔚然转头拉过陆晶清)我就知道你还是好姐妹,你晓得哇,明晚我在家里开个舞会,请的客人都是新贵,你晓得哇,你可一定要来啊!

蔚　然　最好把这个标致的妹妹也带上,你晓得哇,有很多新贵的。

蔚　然　不说了,我走了,你晓得哇,我还要去买首饰呢!

　　〔蔚然下,陆晶清在背后向她离开的方向唾了一口,转头和石评梅会意地笑,军警上,叫嚷着"哪个是石评梅",在门口堵住了蔚然。

军警甲　(结巴)站,站,都给我站住! 检,检,检查——

军警乙　这里谁是石评梅?

　　〔蔚然往外走,被军警拦住。

军警乙　站住!

军警甲　让,让你们都站住,你,你为什么要走?

蔚　然　我不是石评梅,你晓得哇。

军警乙　我们不——晓——得! 检查,一律检查。

蔚　然　检查我? 你晓得哇,你不配!

军警乙　不配? 一文钱配十把钥匙,你说我配不配?

蔚　然　(蔚然气急败坏,说话结巴)你——你——你晓得哇——

军警甲 你——你——你学我——

[军警要上前,石评梅在陆晶清的搀扶下走到门口。

石评梅 我是石评梅,这些都是我的朋友。

[军警放过蔚然,来到石评梅旁边,漱玉上。

[军警上下打量石评梅。

军警乙 你是石评梅?

军警甲 什——什么马?什——什么鹿?是——是你写的?

陆晶清 《匹马嘶风录》?

石评梅 对呀!怎么了?

军警甲 甭——甭——甭废话,你是共产党员吗?

军警乙 你身边有共产党吗?

石评梅 (石评梅义正词严)我不是共产党,我也不知道身边有
没有共产党,我只知道我身边都是好人!

军警乙 《蔷薇周刊》是你办的?

陆晶清 是我们办的!怎么了?

军警乙 怎么了?你们《匹马嘶风录》里写的烈士是谁?李大
钊 4 月 28 日被处决,你们《蔷薇周刊》30 号就发表了
《断头台畔》,这又是什么意思?告诉你们——李大钊
就是最大的共产党!

石评梅 李大钊是我的老师,我——

[漱玉出来,拉住石评梅,让她别说话,又拉过军警甲,
递上一卷钱。

漱　玉　两位辛苦,两位辛苦! 一群书生,一群书生,哪有什么党?

[军警甲掂掂手中的钱,露出得意的笑,拉拉军警乙。

军警甲　走——走——走了!

军警乙　以后长点脑子,离共产党远点!

[军警下,大家回屋,陆晶清埋怨漱玉。

陆晶清　你为什么要给他们钱? 我们又没有做错什么。

漱　玉　破财免灾,破财免灾,梅身体弱,和他们纠缠不免恼气,伤身子!

蔚　然　(蔚然慌慌张张返回来)看到没有,看到没有,你晓得哇,你们惹上麻烦了! 评梅,好好劝劝你这个妹妹,千万不要去什么南方! 你晓得哇,那是要死人的!

石评梅　死人的事是常有的!

蔚　然　你晓得哇,我可是干干净净的人,我可没有和你们有什么来往,你晓得哇,刚才说的事就算了,评梅,你晓得哇,你千万不能说我来过这里啊!

漱　玉　可你确实来过啊,你晓得哇,警察也看见了,你晓得哇!

蔚　然　你——你——

[蔚然气呼呼下,漱玉故意朝蔚然哼一声,其余两人笑。

漱　玉　什么人!

石评梅 理解吧,人生有太多的岔路和选择,当初一起出发的人,未必能一起到达!

陆晶清 (陆晶清忽然一脸严肃)梅姐,我舍不得你!

石评梅 傻妹妹,要不是我家里有老人,我也和你一起去南方了,放心,我一定会去找你的!

漱　玉 可是,南方最近真的挺乱的啊,听说蒋介石下令抓了好多人!

陆晶清 邵飘萍先生也——

〔漱玉拉陆晶清的手,示意她不要说了。

石评梅 没事,我早就在报纸上知道了。

漱　玉 我还说你最近出了车祸养伤,不要告诉你这些!

石评梅 自从君宇离开后,我就知道眼泪和悲伤没有用了,这两天,刘和珍他们的身影一直在我眼前浮现。

陆晶清 嗯!一年多了。

石评梅 (石评梅转向陆晶清)你是亲身经历了"三一八"的,这民国史上最黑暗的一天。

陆晶清 梅姐,说实话,我受伤住院的那段日子,真的好怕。

石评梅 (石评梅把陆晶清的手拉过来,轻轻拍着)不要怕,现在我们不入地狱,谁入地狱?这样的死,不是我们去死,谁配去死?之前一直不明白君宇的那句话。

陆晶清 哪一句?

石评梅 "在另一个世界,我将不属于我,只是历史使命的走卒。"

漱　玉　我将不属于我?

石评梅　是的,我们是在黑暗中探索寻求光明的人,自然也只
　　　　有死和影子追随着我们。永远是面对流血,一直到了
　　　　坟墓。这不值得奇怪和惊讶,更不必过分悲痛,一个
　　　　一个倒毙了,我们从他们的尸身上踏过去,我们也倒
　　　　了,自然后面的人们又从我们身上踏过去。

陆晶清　梅姐,我觉得做老师也是一个开展工作的好平台,在
　　　　塑造人的灵魂时直接就打好了底色,这是"根"上的工
　　　　作,你一定要把这些道理讲给孩子们。

漱　玉　给孩子们讲这些,她们能懂吗?

陆晶清　当然要讲,现在不懂将来一定能懂。我们需要后来
　　　　人,我们今日之斗争和努力,不就是希望有后来人能
　　　　踩着我们的足迹继续前行吗?

石评梅　晶清说得好,我们接过前人的火把,也必将照亮后人。

漱　玉　可现在这环境——

石评梅　不是看到希望了才需要我们斗争,而是唯有斗争才能
　　　　看到希望。我们都是负着创痛倒了又挣扎,倒了又挣
　　　　扎,失败中还希冀胜利的战士。

陆晶清　梅姐,我该走了,明天,明天我就不来和你告别了,我
　　　　怕,我怕——怕舍不得你。

　　　　〔石评梅和陆晶清抱在一起,伤心落泪,漱玉在旁也落

泪。

石评梅 好妹妹,我又何尝舍得你……小鹿,遇到困难一定要咬牙坚持,一切的痛苦都暂时积存在心底。有泪也不要向人间洒,留着归来再向我哭诉。

陆晶清 梅姐,我会坚强的。

石评梅 这世界虽冷酷无情,但我们要用热情去温暖;这世界虽残毒狠辣,但我们要用善良的心灵去改换。君宇走了,你又要去南方——

石评梅 走吧,走吧,在创造另一个世界的事业里,我们都不属于自己!摆脱往日的一切桎梏和束缚,去做一个轰轰烈烈的英雄吧!

漱　玉 梅,你也要去南方吗?

石评梅 (石评梅点点头又摇摇头)我还是希望有作为一点,不仅是文艺家,并且是社会革命家。我虽然不能接续君宇的工作去做,但我也应努力创造一番事业。你看,北京这样杀人,晶清是革命去了,暑假后,我也一定往南边去,让他们认识我评梅。

漱　玉 那我也和你一起去。

石评梅 嗯,我们都去,都去努力创造一个新世界。

漱　玉 那将是一个怎样的世界?那样的世界还很远吗?

石评梅 在那另一个世界里,一定是没有剥削和压迫的;一定是男女平等、互相扶持的;一定是帝国主义列强不能

再颐指气使欺压我们国人的;一定 ——一定是充满和
煦的阳光,真心相爱的人……

[石评梅陷入沉思。

陆晶清　这样的世界一定是在不远的将来!

石评梅　(石评梅微笑着点头) 君宇,这个世界终会如你所愿。
在另一个世界里,你虽不属于你,但你不再孤独,我来
了! 我们——都来了!

——幕落

尾　声

人物同序幕

学生女　真没想到,真没想到!

学生男　没想到什么?

学生女　没想到在人人自危的白色恐怖之下评梅却不仅要做
文艺家,还要做社会革命家!

学生女　没想到当年的女界领袖居然堕落成了只为自己享乐
的拜金主义者。

学生男　革命不是希望别人鼓掌,也不是赶时髦、凑热闹,而是
因为我们相信,因为我们愿意。评梅已经不是之前那
个在自己的感情世界里犹豫惆怅的才女了。

老年男 人都会走弯路,但也都会成长,关键是你遇到了谁,你信了什么。 评梅是遇到了君宇!

学生男 她信了马克思主义!

老年男 可是,正当她以高亢的热情、坚定的信念,准备投身社会革命事业的时候,却不幸染病身亡,刚刚,刚刚过完26岁的生日。

[学生们呈难过状。

学生女 这,这太可惜了。

老年男 可惜,也不可惜!

学生男 爷爷,这话怎么讲?

老年男 可惜的是评梅的故事定格在了这个如花似火的年纪,不可惜是因为还有你们这些朝气蓬勃的青年再来听这个有关青春的老故事!

学生男 我明白我们学校为什么年年都要组织同学们到这里瞻仰参观了! 听青春的故事,悟奋斗的真谛!

老年男 有人仰慕她的文学才华,有人感慨她的爱情故事,我却只想把我们这个古州奇女子的"魂"讲下去。

学生女 爷爷,你还要讲多久?

老年男 我也不知道!

[转向观众。

老年男 大伙说呢?

老年男 也许很久,也许就在明天……但我很欣慰!

学生男　为什么？

老年男　因为有你们。

　　　　　〔转向观众。

老年男　还有你们大伙！今天都听到了评梅的"魂"，只要你

　　　　　认，你信，你讲，"梅魂"在古州大地就永远不会沉默。

老年男　你们现在是师专的学生，未来是在讲台上塑造人的灵

　　　　　魂的老师，有你们在，"梅魂"就不会丢！

学生（合）　对，我们在，梅魂在！

　　　　　〔全场亮。

　　　　　我们在，梅魂在！我们在，梅魂在！

　　　　　　　　　　　　　　　　　　　——全剧终

附录一：

石评梅年谱简编

1902年

9月20日　石评梅诞生于山西省平定州城西关大石头沟。

1903年

父亲石铭到山西大学堂(今山西大学)任管理员。

1904—1906年

随父游宦在外。父亲办完公事后,便教她读《三字经》《千字文》《幼学琼林》,母亲在旁伴读。

1907年

随母亲回故乡平定省亲,与童友张芝庭相识。据张芝庭回忆:"幼年的评梅是位活泼勇敢,有文采的长姐。""她身上带着一个很大的绿丝线绣的荷包,里边装的不是针线布,全是香墨毛笔。她说她会念书、会写字。她用红土块块在当院画了几个字,我虽不认识,但是看见挺方正。""还能背诵《古文观止》《唐诗三百首》的句子。"

1908年

在家里请老先生教读。

1909年

新年中患病卧床。评梅在小说《病》中回忆:"一到灯光辉煌
的时候,母亲怕我孤寂,就坐到我的小竹床上,用伊软绵的爱
手,抚摸着我的散发,谈许多故事给我听。当我每次由睡梦中
哭着醒来的时候,母亲准在我旁边安慰我,有时还问问我已认
过的字忘了没有?"

1910年

秋,随父母返回平定城,为兄汝璜(石铭第一任妻子所生之
子,与评梅同父异母)完婚,寄寓三道后街荆震生宅之后院。其
嫂,商挹清,字佩芬,乳名宝珠,平定城里人,太原蚕桑学校毕
业。

1911年

10月 辛亥革命爆发。

12月 袁世凯命张锡銮为山西巡抚,统率第三镇曹锟所部进
攻山西。作为山西门户的平定山城百姓纷扰。评梅随母亲、嫂

嫂"扮着乡下人"到远处山村躲避。

1912年

父亲石铭赴省城太原工作,评梅随家到并。侄女昆林出生。

9月18日 评梅到太原海子边观看孙中山先生的演讲。

1913年

入太原女子师范附属小学(补习班)学习。"白天在学校里,跟许多天真烂漫的孩子一齐上课,一齐玩耍,精神更比在家里活泼了。不过晚上放学回来以后,她的父亲仍然教她念"四书"《诗经》等,所以她的国文根底比一般的同学好。"

1914年

考入太原女子师范(当时山西的女子最高学府),编入第三班,由于成绩优异,考准公费学习,食、用由校方供给,入校内集体住宿。

1915年

庐隐《石评梅略传》:"这时候她的学识和思想,都有了长足的进步;再加着家庭教育的关系,所以她在学校里那功课,比一切的同学都好;每一次考试必名列前茅,而且她也很有才干,每逢学校开会,她总是主持一切的一分子。她的性情很喜欢音乐,她能弹得很娴熟的风琴,她既然是各方面都能出人头地,自然她的声誉很高,省里的人,都认她是省里的一个才女。"

1916年

因学校寝室失火,搬入同乡女友陈家珍寝室暂住。学校敲过熄灯钟后,"便把被子抖开,遮在窗上,不让亮光透出来",照常看书。评梅爱读诗词曲赋、才子佳人的传奇言情之作,"为这些香消玉殒的芳魂艳魄而粉泪暗洒"。

1917年

在太原女子师范中,敢于抵制封建礼教,与女生一起嘲弄大讲"德、言、工、容"的督军夫人。

1918年

经常阅读进步报刊,关心国家大事。在评梅的书包里有许多报刊杂志,"什么《新青年》《每周评论》《晨报》等"。

1919年

五四运动爆发,消息传到太原,各学校的学生在海子边召开大会,声援北京学生的爱国行动。太原女师"校方守旧不让女生参加活动,学校的运动终未成"。评梅等一些思想比较进步的学生"为了参加社会上的斗争,多次和学监及门卫发生过口角";还"在校内写文章,贴在走廊上"。评梅"提议在校内办一刊物,发表爱国思想",有刘亚雄等人参加,出刊油印刊物二三期。这在校规严格的女师被认为是不轨行为,运动过后,险被学校开除。

1920年

农历腊月底,在故乡平定画梅屏,并题写《雪梅》一诗。

6月 毕业于太原女子师范学校。负笈抵京,投考北京女子高等师范学校。"因为那年不招文科,搞理科我很不情愿,因种种原因遂入体育部。"为体育系第二期学生。

8月 与吴天放相识,得到他的照应。

1921年

夏 回平定度暑假。与张恒寿相识,相互讨论《新青年》杂志上的文章及青年思想。秋,在北京宣武门外"山西同乡会"上与高君宇相识。

11月下旬 参加北京大学马克思学说研究会。排列为第40名会员,女会员第一名,为该会首批会员之一。

12月10日 在山西大学"新共和学会"的刊物《新共和》第一卷第一号上发表新体诗《夜行》,署名评梅。

1922年

2月中旬　高君宇由欧洲归来,初次到女高师红楼看望评梅。

春　随高君宇参加北京大学"亢慕义斋"的活动,作文字学专题讲座。

秋　参加北京女高师"励志社"读书会活动,为该会会员。

1923年

5月21日　与女高师体育系十二人、博物系十四人组成"女高师第二组国内旅行团"南下旅游,评梅任参观团"交际"。

6月下旬　毕业于北京女子高等师范学校体育系,受聘为北京师范附属中学校女子部学级主任兼体育教员。

8月下旬　从故乡平定返北京,准备附中开学事宜。评梅在附中教学一月,她的品学才干受到附中诸位先生的称赞。

10月24日　高君宇在西山养病,采红叶一片,题诗"满山秋色关不住,一片红叶寄相思"寄给评梅,以表爱意。

10月26日　接君宇信,"拆开时是一张白纸",从里面飘落下一片红叶。评梅看见红叶上的题字,"平静的心湖,悄悄被风吹皱了,一波一浪汹涌着像狂风统治了的大海"。但是想到"我对不住他,我不能受他的红叶。为了我的素志我不能承受它,承受了我怎样安慰他;为了我没有一颗心给他,承受了如何忍心欺骗他。我即使不为自己设想,但是我怎能不为他设想。因之我陷入如焚的烦闷里"。评梅在红叶的反面写了"枯萎的花篮不敢承受这鲜红的叶儿",仍用原信的白纸包好,寄还君宇。

1924年

4月28日　去北京城南公园雩坛会见印度诗人、哲学家泰戈尔。

5月12日　晚8时,高君宇着戎装到评梅住处辞行。告知评梅:"杏坛已捕去数人",他的住处"现尚有游警队在等候着",因而今晚冒大险"特别化装"来告别。

5月下旬　搬入林砺儒校长家(辟才胡同南半街十三号)客居。

10月14日　高君宇致信评梅,随寄象牙戒指一枚。信中写道:"一个大点的我自己戴在手上,一个小的我寄给你,愿你承受了它。"

12月10日　《京报》副刊《妇女周刊》正式创刊,评梅亲拟《发刊词》。

1925年

1月1日　到医院看望高君宇。

2月25日　在《京报》副刊《妇女周刊》发表政论文《致全国姊妹们的第二封信——请各地女同胞选举代表参加国民会议》。

3月5日　凌晨高君宇逝世。

3月6日　下午赴豫王府参加高君宇遗体入殓仪式,并送君宇木棺到法华寺。当日,评梅泣不成声,几次昏厥。

4月4日至9日　去陶然亭为君宇整理墓地。

8月10日　去母校北京女子师范大学听女友述说学校被抄的经过。据陆晶清回忆，评梅回到北京后，"她以毕业同学身份参加了我们的战斗，与刘和珍、许广平等人做了朋友，得到和鲁迅先生接近的机会"。

1926年

3月19日　去母校向"三一八惨案"烈士刘和珍、杨德群遗体告别。

3月25日　赴女师大参加为刘和珍、杨德群召开的追悼会。

8月26日　到火车站送鲁迅、许广平启程去南方。

9月上旬　兼任北京师范大学女生体育教员。

1927年

2月3日　去校途中被电车碰伤，住院。

3月上旬　为编辑纪念"三一八惨案"周年文章，外出邀人撰稿。

4月4日　为高君宇扫墓，于陶然亭畔写下散文诗《墓畔哀歌》。

4月29日　北平报界披露了李大钊等人被害的消息后，翌日写下悼诗《断头台畔》。

春　兼任女附中体育教员，并充任春明公学义务体育教员。

9月1日　国立北京师范大学附属中学开学，任女生班一年级三班班主任,兼教国文和体育。

10月 对学生们讲述马克思主义理论——论阶级的压迫。

本年内 改革女子篮球训练方法,效仿"男子篮球的阵式",增大女子运动量。

1928年

3月下旬 由林宅迁出,寄寓北平女一中教员宿舍。始兼任公立北平第一女子中学国文教员,又兼任若瑟女子师范学校体育教员。

春 在师大四年级学生的会上,发表关于女子教育的长篇讲演,主张"女子的训育"方法:一、平民化;二、朴实;三、体育。

4月上旬 带北师大附中女子排球队赴清华大学参加华北地区运动会。

6月30日 因北京时局紧张,女一中校方宣布学校放假。评梅准备迁出女一中教员宿舍。

8月上旬 迁寓孔德学校。

中旬 在孔德分校接待由日本归国的W君和师禹来访时,谈北平的妇女运动。

9月14日 因希望找到一个"安静的住所,以整理创作",迁寓北平女青年会。

9月17日 因"过不惯"女青年会"那里的生活",迁寓西栓马桩唐宅(评梅女师大一位同学家)。

9月18日　晨，"觉得有点不舒服，满身似乎有点发凉"，照常去附中教书。午后，去若瑟女校上体操课。两点多钟到家，"一直昏睡，不能坐起"。

9月19日　发烧，昏睡，喊疼。由林砺儒先生请来京师医院的大夫诊断，说"也许是脑病"。

9月20日　住山本医院二等病房。山本忠孝大夫诊过说："怕是伤寒病。"当日下午，"烧得连话都说不出来"。

9月30日　农历八月十七日2时15分，因患流行性脑炎兼蔓延性支气管肺炎，医治无效病故。终年26周岁。

注：本文内容资料来源于李庆祥著《评梅女士年谱长编》。

附录二：

墓畔哀歌

一

我由冬的残梦里惊醒,春正吻着我的睡靥低吟！晨曦照上了窗纱,望见往日令我醺醉的朝霞,我想让丹彩的云流,再认认我当年的颜色。

披上那件绣着蛱蝶的衣裳,姗姗地走到尘网封锁的妆台旁。呵！明镜里照见我憔悴的枯颜,像一朵颤动在风雨中苍白凋零的梨花。

我爱,我原想追回那美丽的皎容,祭献在你碧草如茵的墓旁,谁知道青春的残蕾已和你一同殉葬。

二

假如我的眼泪真凝成一粒一粒珍珠,到如今我已替你缀织成绕你玉颈的围巾。

假如我的相思真化作一颗一颗红豆,到如今我已替你堆集永久勿忘的爱心。

哀愁深埋在我心头。

我愿燃烧我的肉身化成灰烬，我愿放浪我的热情怒涛汹涌。天呵！这蛇似的蜿蜒，蚕似的缠绵，就这样悄悄地偷去了我生命的青焰。

我爱，我吻遍了你墓头青草在日落黄昏；我祷告，就是空幻的梦吧，也让我再见见你的英魂。

三

明知道人生的尽头便是死的故乡，我将来也是一座孤冢，衰草斜阳。有一天呵！我离开繁华的人寰，悄悄入葬，这悲艳的爱情一样是烟消云散，昙花一现，梦醒后飞落在心头的都是些残泪点点。

然而我不能把记忆毁灭，把埋我心墟上的残骸抛却，只求我能永久徘徊在这垒垒荒冢之间，为了看守你的墓茔，祭献那茉莉花环。

我爱，你知否我无言的忧衷，怀想着往日轻盈之梦。梦中我低低唤着你小名，醒来只是深夜长空有孤雁哀鸣！

四

黯淡的天幕下，没有明月也无星光，这宇宙像数千年的古墓；皑皑白骨上，飞动闪映着惨绿的磷花。我匍匐哀泣于此残锈的铁栏之旁，愿烘我愤怒的心火，烧毁这黑暗丑恶的地狱之网。

命运的魔鬼有意捉弄我弱小的灵魂,罚我在冰雪寒天中寻觅那凋零了的碎梦。求上帝饶恕我,不要再惨害我这仅有的生命,剩得此残躯在,容我杀死那狞恶的敌人!

我爱,纵然宇宙变成烬余的战场,野烟都腥;在你给我的甜梦里,我心长系驻于虹桥之中,赞美永生!

五

我整天踟蹰垒垒荒冢,看遍了春花秋月不同的风景,抛弃了一切名利虚荣,来到此无人烟的旷野,哀吟缓行。我登上高岭,向云天苍茫的西方招魂,在绚烂的彩霞里,望见了我沉落的希望之陨星。

远处是烟雾冲天的古城,火星似金箭向四方飞游!隐约的听见刀枪搏击之声,那狂热的欢呼令人震惊!在碧草萋萋的墓头,我举起了胜利的金觥,饮吧我爱,我奠祭你静寂无言的孤冢!

星月满天时,我把你遗我的宝剑纤手轻擎,宣誓向长空:愿此生永埋了英雄儿女的热情。

六

假如人生只是虚幻的梦影,那我这些可爱的映影,便是你赠与我的全生命。我常觉你在我身后的树林里,骑着马轻轻地走过去。常觉你停息在我的窗前,徘徊着等我的影消灯熄。常觉你随着我唤你的声音悄悄走近了我,又含泪退到了墙角。常觉你站在我低垂的雪帐外,哀衷地对月光而叹息!

在人海尘途中,偶然遇见个像你的人,我停步凝视后,这颗心呵!便如秋风横扫落叶般冷森凄零!我默思我已经得到爱之心,如今只是荒草夕阳下,一座静寂无语的孤冢。

我的心是深夜梦里,寒光闪灼的残月,我的情是青碧冷静,永不再流的湖水。残月照着你的墓碑,湖水环绕着你的坟,我爱,这是我的梦,也是你的梦。安息吧,敬爱的灵魂!

七

我自从混迹到尘世间,便忘却了我自己;有你的灵魂我才知是谁。

记得也是这样夜里。我们在河堤的柳丝中走过来,走过去。我们无语,心海的波浪也只有月儿能领会。你倚在树上望明月沉思,我枕在你胸前听你的呼吸。抬头看见黑翼飞来掩遮住月儿的清光,你抖颤着问我:假如这苍黑的翼是我们的命运时,应该怎样?

我认识了欢乐,也随来了悲哀,接受了你的热情,同时也随来了冷酷的秋风。往日,我怕恶魔的眼睛凶,白牙如利刃;我总是藏伏在你的腋下趑趄不敢进,你一手执宝剑,一手扶着我践踏着荆棘的途径,投奔那如花的前程!

如今,这道上还留着你斑斑血痕,恶魔的眼睛和牙齿仍是那样凶狠,但是我爱,你不要怕我孤零,我愿用这一纤细的弱玉腕,建设那如意的梦境。

八

春来了,催开桃蕾又飘到柳梢,这般温柔慵懒的天气真使人恼!她似乎躲在我眼底有意缭绕,一阵阵风翼,吹起了我灵海深处的波涛。

这世界已换上了装束,如少女般那样娇娆,她披拖着浅绿的轻纱,蹁跹在她那姹紫嫣红中舞蹈。伫立于白杨下,我心如捣,强睁开模糊的泪眼,细认你墓头,萋萋芳草。

满腔辛酸与谁道?愿此恨吐向青空将天地包。它纠结围绕着我的心,像一堆枯黄的蔓草,我爱,我待你用宝剑来挥扫,我待你用火花来焚烧。

九

垒垒荒冢上,火光熊熊,纸灰缭绕,清明到了。这是碧草绿水的春郊。墓畔有白发老翁,有红颜年少,向这一抔黄土致不尽的怀忆和哀悼,云天苍茫处我将魂招。白杨萧条,暮鸦声声,怕孤魂归路迢迢。

逝去了,欢乐的好梦,不能随墓草而复生,明朝此日,谁知天涯何处寄此身?叹漂泊我已如落花浮萍,且高歌,且痛饮,拼一醉浇熄此心头余情。

我爱,这一杯苦酒细细斟,邀残月与孤星和泪共饮,不管黄昏,不论夜深,醉卧在你墓碑旁,任霜露侵凌罢! 我再不醒。

夜 行

（一）

凉风飒飒，

夜气濛濛，

残星灿烂，一闪一闪的在黑云堆里，

松柏萧条，一层一层的在丛树林中。

唉！荆棘夹道，怎叫我前进？

奋斗呵！你不要踌躇！

（二）

行行复行行，

度过了多少黑沉沉的枯森林，

经过了无数碧草盖的荒冢，

万籁寂寞美景遁隐，

凄怆！凄怆！

肮脏的环境，真荒凉！

（三）

车声辚辚，好像唤醒你作恶梦的暮鼓晨钟！

萤火烁烁,好像照耀你去光明地上的引路明灯!

你现时虽然在黑暗里生活,动荡;

白云苍狗,不知变出几多怪状,

啊呀! 光明的路,就在那方!

(四)

哦! 一霎时,青山峰头,

拥出了炎炎的一轮红光;

伊的本领能普照万方,

同胞呀! 伊的光明是出于东方!

你听那——

鸟声喈喈,不住的叽叽! 咋咋!

溪水曲径,不断的湫湫! 潺潺!

你看那——

山色碧翠,烟云獭漫;

田舍炊烟,一缕一缕的扶摇直上。

呵!

美呵!

自然的美呵!

我愿意和它永久生长。

(见于《新共和》期刊,国立山西大学新共和学会印行,1921年12月10日出版。第一卷第一号,187至188页。原署名评梅。)

断头台畔

狂飙怒卷着黄尘滚滚如惊涛汹涌，
朝阳隐了这天地只剩下苍黑之云；
一阵腥风吹开了地狱紧闭的铁门。
断头台畔僵卧着无数惨白之尸身。

黑暗的宇宙像坟墓般阴森而寂静，
夜之帷幕下死神拖曳着长裙飘动；
英雄呵是否有热血在你胸头如焚：
醒来醒来呼唤着数千年古旧残梦。

红灯熄了希望之星陨坠于苍海中，
瞭望着闪烁的火花沉在海心飞迸；
怕那鲜血已沐浴了千万人的灵魂，
烧不尽斩不断你墓头的芳草如茵。

胜利之惨笑敌不住那无言的哀悼，
是叛徒是英雄这只有上帝才知道！

"死"并不能伤害你精神如云散烟消，

你永在人的心上又何须招魂迢迢？

十六年四月三十日

（见《世界日报》副刊《蔷薇周刊》第二十三号，1927年5月3日，第三版。原署名评梅。

我告诉你，母亲！

（一）

我告诉你，母亲！
你不忍听吧这凄惨号啕的声音。
是济南同胞和残暴的倭奴扎挣，
枪炮铁骑践踏蹂躏我光华圣城；
血和泪凝结着这弥天地的悲愤。

青翠巍峨的泰山呵笼罩着烟氛，
烟氛中数千年圣宫化成了炉烬；
尸如山血成河残酷的毒焰飞迸，
大明湖畔春色渲染着斑驳血痕。

（二）

我告诉你，母亲！
你要痛哭这难雪的隐恨和奇辱，
听胜利狞笑中恶魔正饮我髓血；
鹊华桥万缕垂柳都气的变颜色，

可叹狼藉已如落花这锦绣山河。

险恶人寰无公理无人道无同情，
生命的泯灭如逝去无痕的烟云；
祝那些刳肠剖腹血淋淋的弟兄，
安睡吧不要再怀念这破碎祖茔。

（三）

我告诉你，母亲！
你那忍看中华凋零到如此模样，
这碧水青山可任狂奴到处徜徉，
晨光熹微中强扶起颓败的病身；
母亲你让我去吧战鼓正在催行。

你莫过分悲痛这晚景荒凉凄清，
我有四万万同胞他们都还年轻，
有一日国富兵强誓将敌人擒杀！
沸我热血燃我火把重兴我中华！

一九二八年五月二十五日写于白屋

（见《世界日报》副刊《蔷薇周刊》第六十九号，1928 年 5 月 29 日。原署名评梅。）

注：以上选文均来源于山西人民出版社出版的《石评梅全集》。

后 记

郭 瑞

《新读评梅》即将付梓,我仍然觉得这就是一个意外。虽然身处评梅故乡,但对于这位"古州才女",之前真的只是一般性地了解。尽管"民国四大才女"的名头挺大,尽管时常路过的"评梅广场"很熟,可从来没有想过自己会因为石评梅写点什么,可能是"眼前的都是苟且,远方的都是诗"的心理在作祟。

还清楚地记得第一次在赵瑞玲老师的办公室,说起石评梅,我大概只说了四五句话就再也插不上嘴了。就以这样一个"小白"的身份意外地"闯入"了有关石评梅话剧的创作中,然后是"石评梅文化育人品牌"和"评梅女子书院"的建设……

但这次意外地"闯入"之后,既有惊喜又有困惑。惊喜的是看到我的身边和远处、过去和现在都有很多人在研究石评梅,在为石评梅的作品价值和历史地位奔走呼号;困惑的是我们教育者应该以怎样的角度去讲述评梅故事,一百年前的故事还能指导现代青年的学习生活吗?

破解这个困惑还是因为一次意外。2022年五四期间,因为疫情的原因,我们联合校团委组织了一次以石评梅为主题的特殊团课。这次团课让我们找到了石评梅和当下学生的连接纽带——青年。虽然时间隔了一百多年,但青年所遇到的问题和困惑是相通的,所经历的生活过程是相似的,我们讲评梅故事,不是说教、灌输,而是引导和讨论,用评梅求学、恋爱、工作、交友时所经历的事情,来和当下青年学生交流、探讨,于是《新读评梅》就意外地诞生了。

2022年是石评梅诞辰120周年,1928年石评梅因病去世,时至今日,已近百年。说实话,我们对石评梅的认识与她应有的历史价值和地位尚不匹配,但站在新的百年起点上,我们更应立足未来,给石评梅找到新的站位。

作为评梅故乡的教育者,我们自觉有这份责任。如果还只是一味地强调她的才女称号,渲染她的爱情悲剧,也许会让青年学生失去兴趣。事实上,石评梅生前的活动年龄,和当下青年学生的年龄十分吻合,用青年的事迹教育青年,可能更容易入脑入心。

《新读评梅》立足教育、引导当下青年学生,用评梅的故事切入,析评梅的得失,得人生的感悟。尊重史实不夸张,面向未来不拔高,这是《新读评梅》的宗旨,也是我们当下教育者的责任,更是对石评梅先生最好的纪念和敬仰。

《新读评梅》不是严谨的学术著作,三位作者也都只是个语文老师,我们做的只是把评梅的过往中感动我们的东西传递给更多的青年而已。文章内容虽短,但字里行间散发的是教育者的温度。语言虽浅,但情怀满满。

山西人民出版社的编辑王晓斌老师虽然尚未谋面,但多次的电话微信交流中,能感受到他的谦逊、专业。说实在话,《新读评梅》一定不会是畅销书,但王老师依然用一丝不苟的态度来对待。我们深知,这除了职业素养之外,也还是有一种情怀在。

《新读评梅》是一本小书,但同样凝聚了很多人的辛苦和努力,在此一并谢过! 原谅我们的草率和简单,不能对帮助、指导、支持过《新读评梅》的每一位"有情怀"的您——道谢,因为我们希望《新读评梅》是起点而不是终点,"有情怀"的我们终会在路上相遇、相知、相伴。

2023年6月